O profissional do futuro

ROBERTO SOUZA DE MORAIS

O profissional *do* FUTURO
...
uma visão empreendedora

Copyright © 2013 Editora Manole Ltda., por meio de contrato de coedição com o Serviço Brasileiro de Apoio às Micro e Pequenas Empresas (Sebrae).

Minha editora é um selo editorial Manole
Editor gestor: Walter Luiz Coutinho
Editora: Karin Gutz Inglez
Produção Editorial: Cristiana Gonzaga S. Corrêa e Juliana Morais
Capa: Daniel Justi
Projeto gráfico: Daniel Justi
Diagramação: Texto & Arte Serviços Editoriais
Revisão: Texto & Arte Serviços Editoriais

Dados Internacionais de Catalogação na Publicação (CIP)
(Câmara Brasileira do Livro, SP, Brasil)

Morais, Roberto Souza de
O profissional do futuro: uma visão empreendedora / Roberto Souza de Morais. –
Barueri, SP: Minha Editora, 2013.

Bibliografia.
ISBN 978-85-7868-097-8

1. Administração de empresas 2. Carreira profissional – Desenvolvimento 3. Competências 4. Empreendedorismo 5. Qualificação profissional 6. Sucesso profissional I. Título.

13-01656   CDD-658.421

Índices para catálogo sistemático:
1. Empreendedores: Qualificação profissional: Administração de empresas 658.421
2. Empreendedorismo: Administração de empresas 658.421

Todos os direitos reservados.
Nenhuma parte deste livro poderá ser reproduzida, por qualquer processo, sem a permissão expressa dos editores.
É proibida a reprodução por xerox.

A Editora Manole é filiada à ABDR – Associação Brasileira de Direitos Reprográficos.

1ª edição – 2013
1ª reimpressão – 2013

Editora Manole Ltda.
Avenida Ceci, 672 – Tamboré
06460-120 – Barueri – SP – Brasil
Tel.: (11) 4196-6000 – Fax: (11) 4196-6021
www.manole.com.br | info@manole.com.br

Impresso no Brasil | *Printed in Brazil*

Este livro contempla as regras do Acordo Ortográfico da Língua Portuguesa de 1990, que entrou em vigor no Brasil em 2009.

São de responsabilidade do autor as informações contidas nesta obra.

Aos meus pais, João Gomes e Maria José, pelo eterno amor.

À minha esposa, Francismeire, coração da minha família.

A Isabela, Carolina e Daniel,
anjos de Deus em minha vida.

Introdução IX

PARTE 1

UM BREVE HISTÓRICO

Um mundo cada vez mais diferente 5

O mundo do trabalho nos seus primórdios 11

O amadurecimento do mundo do trabalho 21

As grandes guerras e o emprego na Europa 29

Um mundo em constantes mudanças de paradigmas 35

O emprego e o incrível mundo da tecnologia 38

O trabalho no século XXI e o novo perfil profissional para os tempos atuais 44

PARTE 2

AS CARACTERÍSTICAS E COMPORTAMENTOS DO PROFISSIONAL DO FUTURO EM UM AMBIENTE DE EXTREMA TECNOLOGIA E MUDANÇAS ACELERADAS

A dimensão empreendedora 53

A busca de oportunidades 57

A iniciativa 61

A importância da visão de futuro e o estabelecimento de metas 66

A persistência e o comprometimento 71

A comunicação   76

As redes de relacionamento   81

A dimensão espiritual e humana   85

A espiritualidade nos negócios   87

O bom humor e o otimismo   92

A gentileza   97

O comportamento solidário   101

A disciplina   107

A ética   112

PARTE 3

O INTRAEMPREENDEDORISMO, UMA BREVE PERSPECTIVA SOBRE O (PROVÁVEL) FUTURO DO EMPREGO E ALGUMAS OUTRAS CONSIDERAÇÕES SOBRE O PROFISSIONAL DO FUTURO

O profissional do futuro e o intraempreendedorismo   119

O provável futuro do emprego   126

Considerações finais   131

Bibliografia   137

Introdução

ENTRE OS ANOS DE 2001 E 2006 TIVE A OPORTUNIDADE de trabalhar como Diretor de Tecnologia do Senai – o Serviço Nacional de Aprendizagem Industrial – no estado do Tocantins, região Norte do Brasil. Frequentemente, viajava a diferentes estados do país, participando de programas de capacitação profissional e realizando serviços técnicos para diversas indústrias. Minha função era atender às necessidades dos empresários que nos procuravam, quase sempre buscando assessoria técnica para melhorar de alguma forma seus negócios e a produtividade de suas fábricas.

No decorrer de seis anos, visitei centenas de indústrias de diferentes segmentos, como confecções, fábricas de alimentos, automotivas, gráficas, cerâmicas, entre outras. Na convivência com empresários e operários, sempre me surpreendia com o impacto das novas tecnologias no ambiente empresarial e o quanto isso estava (e ainda está) "mexendo" com a dinâmica do mundo do trabalho. Tive a oportunidade de vivenciar as condições e competências exigidas dos trabalhadores contemporâneos em organizações de diferentes características.

Foi naquela época que um diretor de escola pública estadual do Tocantins convidou-me para fazer uma palestra a um grupo de adolescentes, estudantes do ensino médio, prestes a entrar no competitivo mundo do trabalho.

A proposta do diretor era que eu falasse um pouco sobre as novas competências exigidas pelas empresas aos novos profissionais neste início de século. A escola procurava, com aquela iniciativa, fortalecer a formação dos alunos e oferecer aos estudantes contato com alguém mais familiarizado com o ambiente empresarial.

Fiquei muito feliz com o convite e comecei a preparar a primeira palestra da minha vida, sem imaginar que aquilo seria o embrião do meu primeiro livro.

A apresentação mostrava um breve histórico do desenvolvimento da tecnologia ao longo do tempo, o ambiente atual de mudanças aceleradas e algumas características individuais que eu definia como o "novo perfil para o profissional do futuro".

X

Surpreso e satisfeito com os primeiros resultados, passei a visitar outras escolas e gratuitamente oferecer a palestra aos diretores, tendo sempre como público-alvo os adolescentes do ensino médio. As apresentações pareciam ter ótima repercussão, tendo em vista a empolgação dos professores que me abordavam após as apresentações e o sensível interesse dos jovens nas reflexões sobre as novas demandas do mundo do trabalho.

Depois de algumas dezenas de palestras ministradas, surgiu a ideia de escrever o conteúdo das apresentações e fazer uma pequena publicação, pois julgava que aquilo que eu estava mostrando poderia ser interessante para um maior número de pessoas.

Passei a estudar mais profundamente o assunto e enriqueci o tema com uma abordagem histórica mais consistente, falando, inclusive, sobre as origens do trabalho, seu significado e desdobramentos. Também introduzi um pouco do conhecimento adquirido ao longo de alguns anos como consultor do Sebrae e, mais recentemente, como instrutor do seminário Empretec, um programa criado pela Organização das Nações Unidas – ONU – que tem como foco o desenvolvimento de características de comportamentos empreendedores nos participantes.

Outra contribuição importante foi a inserção no texto de alguns exemplos de atitudes profissionais que tive a

XI

oportunidade de testemunhar pessoalmente, o que ajudou na compreensão de alguns comportamentos que descrevo.

Este livro, que nasceu espontaneamente a partir da iniciativa de colaborar com a formação de jovens de escolas públicas de ensino médio, tornou-se agora uma obra bem mais completa, mais abrangente e com maior cobertura de público.

Acredito que o assunto abordado aqui seja interessante não apenas aos jovens em início de carreira, mas também a todo e qualquer trabalhador que pretenda aprimorar-se e refletir sobre as novas competências profissionais para estes novos tempos.

As "novas competências para o profissional do futuro" descritas aqui são predominantemente comportamentais, mais voltadas a atitudes e iniciativas práticas, já que os mais recentes estudos da área apontam o comportamento individual como um dos mais relevantes fatores de sucesso para as pessoas nas organizações.

Além de compartilhar com você, leitor, uma breve reflexão sobre o impacto das novas tecnologias no mundo do trabalho, a intenção com esta obra é também resgatar alguns valores e comportamentos essenciais aos novos profissionais, na desafiadora tarefa de construir um futuro melhor para as novas gerações.

Também esclareço desde já que o conteúdo aqui descrito é fruto de observações e experiências profissionais vividas por mim. Não se trata, portanto, de um trabalho acadêmico, cientificamente fundamentado em pesquisas de campo ou em novas teorias. A classificação das "competências comportamentais" apresentada nesta obra foi definida apenas como forma de estruturar o livro e não segue nenhum critério estabelecido por teóricos das áreas da Psicologia ou Gestão.

Espero que a convivência com este texto seja agradável para você e contribua na sua caminhada e crescimento profissional.

Bem-vindo ao mundo do "profissional do futuro"!

Roberto Souza de Morais

O
profissional
do
FUTURO

PARTE 1

UM BREVE HISTÓRICO

Um mundo cada vez mais diferente

*"É possível mudar nossas vidas
e a atitude daqueles que nos cercam
simplesmente mudando a nós mesmos."*
RUDOLF DREIKURS

"O MUNDO MUDOU..."

Com essa simples frase tem início a saga de *O Senhor dos Anéis*, escrita pelo filósofo inglês J.R.R. Tolkien em meados de 1930, sucesso mais tarde nos cinemas de todo o mundo.

Há algum tempo que a percepção desse estado permanente de mudança de "todas as coisas" vem provocando reflexões e questionamentos na humanidade. O futuro já chegou e nos trouxe muitas novidades tecnológicas, que, se por um lado nos empolgam, por outro nos assustam. Se de um lado surgem novas respostas e novas soluções, de outro surgem também muitas novas perguntas e novas preocupações.

Afinal, estamos evoluindo ou retrocedendo em nossos relacionamentos com o próximo e com o mundo? Até que ponto tantas mudanças e tantos avanços tecnológicos têm de fato nos tornado pessoas melhores? E como tudo isso tem impactado o mundo do trabalho e do emprego? Podemos afirmar, sem medo de errar, que hoje vivemos de uma maneira diferente de como viveram nossos pais. A forma de educar as crianças mudou, o modelo tradicional de família mudou, surgiram novas formas de trabalhar, estudar, se divertir, de amar e de ver o mundo... até mesmo novas religiões e novas crenças têm surgido. Todas essas transformações são desdobramentos desse novo mundo que o homem vem criando ao longo dos últimos séculos e adaptando conforme suas conveniências.

O fato é que todas essas mudanças têm um preço. Muito embora os avanços tecnológicos e o fenômeno da globalização contribuam em áreas importantes como a Saúde, a Comunicação e a Genética, também é verdade que existe o "outro lado da moeda".

A impressão que temos é que a humanidade pede socorro. Nunca antes tantas pessoas se sentiram tão sozinhas e carentes de afeto e amizade. Surgem novas doenças e novas fobias em escala mundial, como a angústia e a depressão, além de novas formas de transtornos compulsivos. A taxa mundial de suicídio aumentou consideravelmente nos últimos cinquenta anos, já sendo considerado um problema de saúde pública em muitos países.

Fatores do macroambiente têm forte relação com esses fenômenos. Em um mundo cada vez mais globalizado, a economia e a política internacional interferem de forma impressionante na vida de pessoas do mundo inteiro. Uma crise financeira na Europa gera desemprego no Brasil e na Índia. Um fundamentalista religioso joga um avião em uma torre nos Estados Unidos e o comércio mundial sofre efeitos em escala global. Um vulcão entra em erupção na Islândia e obriga o fechamento de aeroportos em toda Europa, causando prejuízos comerciais de 1 bilhão de dólares em poucos dias. Uma greve trabalhista paralisa as atividades na Holanda e as exportações de minérios do Brasil param nos portos do Maranhão. É um mundo de, cada vez mais, complexas conexões.

Parece que o avanço da Física, da Química e da Economia nos últimos séculos foi mais rápido que a evolução do pensamento humanístico e filosófico do homem e isso está nos custando muito caro. Nunca houve tanto desequilíbrio entre países ricos e pobres.

Também como reação a esses fenômenos, constatamos que o mundo do trabalho vem sofrendo profundas transformações, em especial nas últimas décadas. As novas formas de trabalho se constituem em uma revolução semelhante às ocorridas no início da industrialização europeia do final do século XIX.

Novas tecnologias como a internet, a microinformática e o avanço das telecomunicações possibilitaram um completo redesenho das formas de trabalho e de ocupação das pessoas.

O mundo do trabalho neste início de século é reflexo direto de uma complexidade de fatores decorrentes dos avanços tecnológicos e passa a exigir profissionais cada vez mais adequados e alinhados com esse novo modelo. A questão do emprego e da geração de renda para milhões de trabalhadores no mundo inteiro é um dos grandes desafios da sociedade.

Vivemos o paradoxo da existência de uma imensa massa de trabalhadores desqualificados e um mercado de trabalho cada vez mais exigente. É um quadro que, infelizmente, ainda não apresenta perspectivas muito otimistas em curto prazo.

Nesse contexto de evolução tecnológica, com novas e incríveis possibilidades, nascem outros novos questionamentos e provocações no campo do trabalho e do emprego: afinal, qual seria o perfil ideal para o novo profissional visando a uma adequada inserção nesse novo mundo da ocupação? Como poderemos solucionar a difícil equação que reúne, de um lado, um ambiente de trabalho exigente e seletivo, e de outro, milhares de pessoas despreparadas e não qualificadas?

Como poderemos usar os novos avanços técnicos como instrumentos de desenvolvimento humano e social, oportunizando dignidade, educação e cidadania para a atual e as novas gerações?

Neste livro, partimos da premissa que trabalho e emprego são fenômenos diferentes, embora muitas vezes pareçam a mesma coisa. O trabalho é tão antigo quanto o homem. Podemos dizer que desde o surgimento de nossa espécie, nossos antepassados vêm transformando pedras e madeiras em artefatos de auxílio à vida, em suas primitivas atividades de subsistência. São célebres as imagens de pinturas rupestres em cavernas, datadas de milhares de anos atrás, nas quais podemos identificar indivíduos com arco e flecha na dura tarefa de obter caça para a subsistência de sua prole. Este é o trabalho, na sua forma mais primitiva.

O conceito de emprego é um pouco mais moderno, com origem na revolução industrial europeia, quando homens, mulheres e até crianças vendiam sua força de trabalho por alguma remuneração. Somente a discussão da origem do trabalho e do emprego seria assunto para um livro à parte. Não é nosso objetivo apresentar respostas para os grandes desafios do atual mundo do trabalho, não temos essa pretensão. É nosso interesse fazer uma breve reflexão sobre esse novo panorama do ambiente profissional sob a ótica dos reflexos e desdobramentos dos avanços tecnológicos.

Outro objetivo é fazer uma leitura da tecnologia como ferramenta fundamental no desenvolvimento da humanidade, mostrando de forma bem superficial como foi sua evolução ao longo da História e traçando um paralelo com a evolução do pensamento e a evolução do trabalho ao longo da caminhada humana através dos tempos.

Vale frisar que trataremos os aspectos históricos sem grande profundidade, já que nosso foco é prioritariamente discutir as novas características comportamentais do profissional do futuro.

Finalizando, vamos procurar algumas interfaces entre esses fenômenos, tentando traçar a partir daí alguns comportamentos individuais e organizacionais que consideramos de fundamental importância e que podem contribuir com o trabalhador moderno, tornando-o mais "empregável", mais inserido e mais preparado para enfrentar esses novos tempos.

O mundo do trabalho nos seus primórdios

"Existem apenas duas maneiras de ver a vida.
Uma é pensar que não existem milagres,
e a outra é que tudo é um milagre."

ALBERT EINSTEIN

MUITO TEMPO SE PASSOU DESDE OS MAIS PRIMITIVOS REGIStros tecnológicos na história da humanidade. Cavernas espanholas apresentam pinturas rupestres do período paleolítico (40.000 a.c.) gravadas em suas paredes e tetos rochosos. É comum a ilustração de prováveis caçadores, utilizando-se de arcos e flechas para obter alimentação proveniente de caça.

Enxergando a flecha como uma primitiva invenção do homem, podemos, de forma grosseira, considerá-la como um dos primeiros registros de uso de tecnologia na evolução humana. Vale dizer que a presença do homem na Terra é recente se compararmos aos mais antigos fósseis de animais encontrados. Acredita-se que o homem, na sua forma atual – o *homo sapiens* –, deve ter cerca de 3,5 milhões de anos desde seu surgimento, enquanto os mais recentes dinossauros foram extintos há cerca de 65 milhões de anos. A própria utilização do fogo pelo homem demorou muito a acontecer. Os primeiros hominídeos viveram no escuro da noite por milhares de anos até conseguir obter e controlar o fogo, que talvez tenha sido a grande evolução daquela época. Até então, o trabalho era meramente de subsistência. As únicas atividades humanas, que vamos tratar aqui como trabalho, consistiam em colher frutos e realizar eventuais caças para alimentação imediata.

Há muitos milhares de anos nossos antepassados iniciaram grandes migrações para ocupação do planeta, partindo possivelmente da África. Eram deslocamentos nômades, sem planejamento e sem a mínima ideia de para onde estavam indo. O objetivo era simplesmente buscar melhores áreas para viver, com maior abundância de água e árvores frutíferas.

A atividade de criação de animais para alimentação só deve ter surgido por volta de 25.000 a.C., marcando os primórdios da pecuária atual. Encontramos ainda registros muito primitivos de tecnologia na invenção da roda e na lapidação de pequenos artefatos e utensílios pessoais, como lanças e formas rudimentares de alavancas.

A invenção (ou o surgimento) das cidades foi outra grande transformação do período antigo. Provavelmente, por volta de 15.000 a.c., as primeiras comunidades, até então nômades, resolveram se estabelecer em um determinado local, melhorando a logística de sobrevivência, já que a vida em conjunto era mais segura e possibilitava partilhar algumas atividades de resultado comum, como a agricultura e a criação de animais para alimentação.

O trabalho começava a ganhar novas formas, surgindo novas ocupações e "especialistas", como marceneiros, pastores de rebanhos e até comerciantes. Provavelmente, nessa época, o homem começou a dominar o ferro, trazendo outra grande novidade na sociedade.

Também datam dessa época as primeiras investidas no mar aberto, em pequenos deslocamentos marítimos, em uma forma de navegação tipicamente costeira. Era o surgimento dos marinheiros "profissionais" e dos fabricantes e mecânicos de embarcações.

Entretanto, apesar das limitações de conhecimento e de recursos da época, o mundo antigo (entre os anos 5.000 a.c. e 1.000 a.c.) registrou alguns grandes marcos tecnológicos que merecem destaque:

- no Oriente, o Reino Chinês, visando a proteger seus habitantes contra ataques inimigos, edificou uma inacreditável muralha de pedra que existe até hoje;
- comunidades na Babilônia (em uma área em torno do atual Iraque) construíram cidades com arquiteturas impensáveis para a época;

- na Grécia, escombros de incríveis construções também podem ser observados até os dias atuais;
- no Egito, a construção das grandes pirâmides ainda desafia os estudiosos com suas formas geométricas e detalhes de sua construção;
- no ano 1oo a.c., o Império Romano já construía aquedutos de pedra que possibilitavam levar água a distâncias de até 300 km do ponto de captação. Devem ser dessa data os primeiros grandes engenheiros e calculistas. Considerando as peculiaridades da época, enxergamos ali os primórdios dos grandes líderes "empreendedores", responsáveis por esse imenso legado.

O mundo antigo assistiu modificações lentas, mas gradativas, das formas de trabalho. Em uma época de faraós e reis, conseguir mão de obra farta e barata não era problema. Havia alguns poucos indivíduos com ofício definido e uma maioria que servia aos reis como escravos ou soldados nos exércitos da época.

A cidade de Roma foi um divisor de águas na nossa viagem pela evolução da tecnologia. No seu apogeu histórico, há 2000 anos, Roma tinha 1 milhão de habitantes e significativo avanço tecnológico, se comparado a outras cidades da mesma época.

Os imperadores romanos já dispunham de formas avançadas de engenharia de construção civil e máquinas de guerra, bem como métodos precisos de estudos do clima e da astronomia. Já se multiplicavam novos profissionais, como comerciantes, ferramenteiros, padeiros, fabricantes de tecidos, construtores, açougueiros, costureiros, tintureiros, professores e uma dezena de novas ocupações, inexistentes em tempos anteriores.

Alguns ex-lutadores das arenas romanas podiam criar e administrar "escolas" para formação de novos gladiadores, onde os melhores alunos gozavam de *status* de celebridade. O crescimento do "circo" romano nas arenas de luta também pressionava o surgimento de novos desafios tecnológicos e novas ocupações.

Indícios históricos descrevem que, em certa ocasião, o imperador Tito reproduziu uma célebre batalha naval dentro do coliseu romano, onde a arena foi preenchida com água a uma profundidade de aproximadamente um metro, uma façanha que até hoje desafia os melhores engenheiros. Como podem ter impermeabilizado todo o estádio e conseguido tamanho feito? Com diversas galerias subterrâneas e dezenas de entradas, deve ter sido um desafio e tanto! Provavelmente "técnicos" da época precisaram compor novos materiais e novos métodos de construção e montagem.

Percebe-se desde já a estreita relação entre sociedade, trabalho e tecnologia. Para cada novo patamar tecnológico que a sociedade alcança, surgem novos modelos de trabalho para atendimento às novas necessidades decorrentes. Como podemos constatar, sempre existiu uma relação direta de causa e efeito entre tecnologia e trabalho.

Nesse contexto da evolução do trabalho e da tecnologia, é interessante também perceber a estreita relação entre a difusão da filosofia e o desenvolvimento das chamadas "ciências exatas".

Em todas as épocas, foi sempre a evolução do pensamento que criou condições para o avanço dos novos modelos de vida; os pensadores e filósofos da Roma antiga sofreram grande influência da filosofia grega e tiveram papel importante no império.

Na Grécia antiga, pensadores como Aristóteles e Platão deram uma notável contribuição à humanidade, uma vez que foram os primeiros grandes "questionadores" dos modelos de vida, do indivíduo e da sociedade.

A evolução do pensamento gerava novas ideias e novos conceitos; essas novas ideias geravam novas necessidades sociais que exigiam novas tecnologias que, por sua vez, abriam espaço para o surgimento de novas competências técnicas. Percebe a "reação em cadeia" desses fenômenos?

Novos "profissionais" continuavam surgindo, como os estrategistas de guerra, projetistas de armas, ferramenteiros especializados, especialistas em construções e obras públicas, novas modalidades de artistas, inventores e outros. Roma já assistia ao nascimento de um novo paradigma (ou um novo modo de pensar) no mundo do trabalho.

Mais uma vez percebemos a estreita relação entre a evolução dos modelos tecnológicos e os novos perfis profissionais necessários para responder às novas demandas sociais que surgiam.

O período de transição entre a Idade Média e a Idade Moderna foi um importante momento na história do trabalho, tendo em vista as importantes transformações ocorridas no ambiente social, econômico e político, principalmente no continente europeu.

A Idade Média (ou Idade Medieval ou Era Medieval) foi o período intermédio em uma divisão esquemática da História da Europa, convencionada pelos historiadores, em quatro "etapas": Idade Antiga, Idade Média, Idade Moderna e Idade Contemporânea.

Entendemos a Idade Antiga como o período que se estende desde a invenção da escrita (de 4000 a.C. a 3500 a.C.) até a queda do Império Romano do Ocidente (por volta do ano 476 d.C.).

A Idade Média, compreendida entre os anos de 476 e 1453 d.C., caracterizou-se pela influência da Igreja sobre toda a sociedade, que estava dividida em três classes: clero, nobreza e povo. Ao clero pertencia a função religiosa, era a classe culta e possuía propriedades, muitas recebidas por doações de reis ou nobres para construções de conventos.

O sistema político, social e econômico característico era o feudalismo, sistema muito rígido em progressão social.

Fomes, pestes e guerras eram uma constante durante toda a era medieval. Entre os séculos VIII e XI, povos invasores, como árabes e vikings, trouxeram grande instabilidade política e econômica ao continente europeu. A economia medieval era, em grande parte, de subsistência. A riqueza era medida em terras para cultivo e pastoreio. O comércio era escasso e a moeda era rara.

O modelo de relação trabalhista da Idade Antiga, baseado na escravidão, migrava agora na Idade Média para um modelo de servidão. A servidão era diferente da escravidão, já que os servos eram ligeiramente mais livres que os escravos. Na servidão, o servo não trabalhava para receber uma remuneração, mas para ter o direito de morar nas terras do seu senhor.

A Idade Moderna é um período específico da história do Ocidente. Destaca-se das demais por ter sido um período de transição e também de profundas mudanças. Tradicionalmente, aceita-se o início estabelecido pelos historiadores franceses, em 1453, quando ocorreu a tomada de Constantinopla pelos turcos otomanos, e o término com a Revolução Francesa, em 1789. Um importante registro da transição da Idade Média para a Moderna se deu com o aparecimento do capitalismo.

O período compreendido entre o apogeu de Roma e o século XV (início da Idade Moderna), não contribuiu de forma muito significativa no movimento de evolução da tecnologia.

É verdade que existiram algumas invenções relevantes, como a utilização do papel, da pólvora e alguns avanços na agricultura e na pecuária, mas nada que caracterizasse verdadeiramente um "salto" na história da caminhada humana na Terra. Foi a época de apogeu da Igreja Cristã na Europa, quando o privilégio da leitura era quase que exclusivamente de alguns poucos sacerdotes e nobres.

Naquele período de domínio cristão, o movimento filosófico – com raízes gregas – não avançou, já que qualquer conhecimento fora da Igreja era proibido.

A Idade Contemporânea é o período atual da história do mundo ocidental, iniciado a partir da Revolução Francesa (1789 d.C.). Seu início foi marcado pela corrente filosófica iluminista, que defendia o domínio da razão sobre a visão centrada na divindade, pensamento dominante na Europa desde a Idade Média. Segundo os filósofos iluministas, essa forma de pensamento tinha o propósito de iluminar as trevas em que se encontrava a sociedade. Os pensadores que defendiam esses ideais acreditavam que o pensamento racional deveria ser levado adiante, substituindo as crenças religiosas e o misticismo, que, segundo eles, bloqueavam a evolução do homem.

Foi somente por volta do século XV, com o surgimento dos ideais iluministas na Europa, que se desenhou uma nova e profunda transformação econômica e social no velho continente. A Europa viu o "renascimento" da antiga filosofia grega e isso foi determinante no novo mundo que estava surgindo.

A sociedade entraria em mais um ciclo de profundas mudanças, e as formas de trabalho também mudariam.

O amadurecimento do mundo do trabalho

"O mais importante da vida

não é a situação em que estamos,

mas a direção para a qual nos movemos."

OLIVER WENDELL HOLMES

POR VOLTA DO ANO DE 1400, A POPULAÇÃO MUNDIAL já alcançava a marca de aproximadamente 350 milhões de pessoas.

O velho regime feudal já não conseguia responder às novas necessidades do mundo que nascia. A Europa já não suportava mais um modelo econômico agrícola e as pessoas cada vez mais procuravam novas alternativas de renda nas novas cidades que surgiam.

A França seria o palco para uma nova grande transformação na antiga Europa. Nos anos conturbados de 1400 a 1700, a insatisfação popular ganhava força e impulsionava novos movimentos sociais organizados.

Grandes problemas estruturais, como habitação e trabalho, tornavam difícil a vida do cidadão francês e europeu. Como já comentamos, nascia o movimento conhecido como Iluminismo, que mais tarde fez eclodir uma série de transformações sociais e mudaria mais uma vez o panorama mundial. Em um mundo com imenso contingente de pessoas analfabetas, as novas ideias iluministas ainda não tinham um canal adequado para atingir as massas.

Novos pensadores questionavam os modelos religiosos, políticos e econômicos da época; o desejo de mudança era enorme e as monarquias já tinham dificuldade para conter os ideais de democracia e justiça.

Foi nesse período conturbado que nascia mais uma invenção que contribuiu radicalmente para um novo salto da História.

Por volta do ano de 1440, um inventor alemão chamado Johannes Gutenberg inventou um tipo de máquina de reprografia, modelo precursor das atuais gráficas, que possibilitava copiar impressos e papéis em grande escala. Estava criado o instrumento para divulgação das novas correntes de pensamento da Idade Moderna.

O novo invento impulsionou a alfabetização de milhares de pessoas, possibilitou maior disseminação dos ideais de mudanças e acelerou as transformações sociais que se desdobraram em eventos importantes como a Revolução Francesa e a Revolução Industrial inglesa.

22

Até essa época, os livros eram manuscritos. Um trabalhador "copista" tinha como tarefa copiar novos livros, um por um, fazendo nascer um novo exemplar. Até o século XVII uma nova unidade da Bíblia podia demorar vários meses para ficar pronta.

A imprensa de Gutenberg viria para mudar isso. Talvez a categoria dos copistas tenha sido a primeira a experimentar um fenômeno que seria comum um século mais tarde: a extinção sumária de toda uma ocupação decorrente do surgimento de uma nova tecnologia. Algo semelhante ao impacto que os computadores causaram na categoria dos fabricantes de máquina de escrever há poucos anos.

Foram muitos os reflexos desse novo momento europeu, em especial na Filosofia, na Literatura, nas Artes, na Política, na Economia e até na Religião, com o surgimento da nova teologia protestante, que deu nova cara ao cristianismo.

Entre as maiores aventuras daqueles tempos, vale ainda lembrar a expansão marítima das potências da época que desenharam um novo mapa do mundo.

A Espanha e a Inglaterra estavam entre as nações pioneiras na aventura de desbravar novos mundos. As viagens espanholas e inglesas "descobriram" efetivamente o mundo oriental e um novo continente na América.

Novas civilizações foram conhecidas, como a asteca, a inca e a maia na América espanhola. Os espanhóis devem ter causado espanto nos "novos povos" quando desembarcaram com seus cavalos na América, um animal até então desconhecido por esses lados. Trouxeram nas caravelas avanços e desgraças. Novas doenças podem ter exterminado populações inteiras de povos maias na atual América do Sul.

Também aquelas civilizações americanas nativas tinham seus ícones tecnológicos expressados nos conhecimentos astrológicos e em incríveis construções de prédios e estradas. Na América do Sul, nas altitudes das grandes cordilheiras andinas, uma complexa rede de estradas ligava as principais cidades e possibilitava uma eficiente logística de distribuição de suprimentos entre as comunidades maias. Parte de seu legado tecnológico ainda pode ser apreciado em cidades incrustadas nas montanhas, como Machu Picchu, no atual Peru.

O império português, com uma frota de 10 naus, 3 caravelas e 1.500 homens, sob o comando de Cabral, chegou às terras do Brasil em 1500 e iniciou uma nova história em outro novo mundo. Os navios portugueses eram a maior inovação tecnológica da época e foram precursores do surgimento da maior indústria naval já vista até então.

Naqueles anos, Portugal já contava com profissionais especialistas denominados carpinteiros de navios, mestres de navios, calafates e carpinteiros de gáveas. A indústria naval portuguesa gerou ainda novas indústrias na "cadeia produtiva de navios", como a de manufatura de cânhamo (para os cordames), a de linho para as velas, a de breu, alcatrão,

24

chumbo e pregos, além da tanoaria – já que cada nau levava cerca de 500 tonéis (daí o termo *tonelagem*, que ainda hoje define a capacidade de carga dos navios).

Os navios portugueses levavam para o novo mundo novas tecnologias, como a pólvora, os tecidos e a escrita ocidental, mas também armas de destruição e algumas novas doenças, como a sífilis. O progresso e o atraso.

Entre os séculos XV e XIX, a humanidade sofreu uma sequência de eventos e transformações que impactaram fortemente o mundo do trabalho.

Foi um período de notáveis avanços nas Artes, na Literatura, na Matemática, na Física, na Astronomia e na Química. Pensadores, inventores e escritores encontraram um mundo fértil para suas ideias; surgiu a máquina a vapor, a energia elétrica e a produção industrial nos moldes atuais, entre outras novidades.

No entanto, apesar das novidades, no final do século XIX, a situação do mercado de trabalho na Europa ainda era caótica. Na transição de uma economia agrícola para um modelo industrial, havia excesso de pessoas sem qualificação e poucas vagas nas recém-nascidas indústrias. Os resultados eram extensas jornadas de trabalho, com baixa remuneração e ausência total de benefícios.

Homens, mulheres e crianças emigrantes do campo cumpriam até 12 horas de trabalho por dia, morando em condições desumanas nos arredores das grandes indústrias da Europa.

O clássico filme de Charlie Chaplin, "Tempos Modernos", mostra, na leitura do autor, o nascimento da indústria americana, o surgimento do movimento sindical e as dificuldades e opressões sofridas pelos trabalhadores da época.

Semelhante à Europa, os ideais iluministas também impactaram a sociedade brasileira. Pela condição de ex-colônia portuguesa e em função da distância geográfica do continente europeu, as ideias iluministas tardaram a chegar, mas também tiveram papel importante no Brasil, tendo na Inconfidência Mineira um de seus maiores desdobramentos. Em uma sociedade ruralista e escravagista, a evolução do trabalho foi ainda mais lenta e mais difícil.

Ainda no Brasil, o processo de industrialização tardou um pouco mais, se comparado à industrialização europeia e norte-americana, todavia com alguns pontos em comum.

Por aqui também havia nas cidades um enorme contingente de trabalhadores oriundos do campo sem nenhuma qualificação, além dos clássicos problemas urbanos, como infraestrutura precária e inexistência de políticas públicas eficazes para educação, saúde e habitação.

A indústria brasileira (se é que podemos caracterizar como atividade industrial) se restringiu inicialmente à exploração das grandes riquezas agrárias do novo país, como a mandioca, a madeira, o café e o açúcar.

Somente depois de 1808, com a sede do império português no Brasil e com a abertura dos portos, é que se iniciam alguns avanços na exploração de ferro e outros minérios.

Assim como na revolução industrial inglesa, as máquinas têxteis tiveram participação importante no mercado de trabalho brasileiro entre os anos de 1850 e 1900. Elas impulsionaram a indústria do algodão, a indústria química, a indústria do couro e até o surgimento de novos sistemas logísticos, como as ferrovias em São Paulo.

A partir de 1900, novas modalidades industriais surgiram no Brasil, como a indústria de sabonetes, chapéus, chocolates, cervejas e gráficas, dando nova cara à matriz industrial do país e exigindo novos profissionais com novas aptidões.

As primeiras montadoras de veículos só se instalaram no Brasil em 1919 (Ford) e 1925 (GM), algumas décadas depois da Europa e dos Estados Unidos. Nas primeiras décadas do século XX, a indústria brasileira restringia-se às regiões Sul e Sudeste, com ênfase em produtos de primeira necessidade.

Assim como no velho continente europeu, a ideia de um perfil profissional ideal ainda não era assunto relevante no Brasil.

Eram poucos os jovens com formação acadêmica, já que eram poucas as universidades no Brasil. Até essa época, considerava-se "bom trabalhador" o indivíduo que simplesmente cumpria com zelo suas atribuições produtivas diretas.

Alguns historiadores apontam o ano de 1909 como o ano de surgimento da primeira universidade do Brasil, no Amazonas; outros apontam o ano de 1920 como o surgimento da primeira faculdade criada pelo governo brasileiro, no Rio de Janeiro. Discussões à parte, o fato é que o Brasil iniciou sua vida universitária bem atrasada, se comparada aos países europeus e orientais; a Universidade de Paris, por exemplo, data do ano 1090, enquanto Oxford, na Inglaterra, iniciou suas atividades em 1096. Vale citar ainda a Universidade de Al-Azhar, localizada no Cairo, Egito, que além de universidade, é uma mesquita. Foi fundada como escola de teologia no ano de 988, sendo uma das mais antigas universidades do mundo.

Entre os anos de 1920 e 1930, empresários e industriais brasileiros já sentiam a necessidade de formar jovens para atender à matriz industrial brasileira. Seria impossível o desenvolvimento da nova indústria sem mão de obra capacitada.

Decorrente desse movimento surgiu, em 1942, o Serviço Nacional de Aprendizagem Industrial (Senai), que viria preencher essa lacuna e tornar-se, sessenta anos depois, uma das maiores organizações para educação profissional da América Latina.

Instituições brasileiras como o Senai ajudaram a definir – e ainda definem – o novo perfil do profissional brasileiro, mais "globalizado" e com maior consciência de seu papel econômico e social para o Brasil. Mas isso é assunto para os próximos capítulos.

As grandes guerras e o emprego na Europa

"A vida só pode ser compreendida olhando-se para trás; mas só pode ser vivida, olhando-se para frente."

SOREN KIERKEGAARD

TALVEZ OS MAIORES EVENTOS DA HISTÓRIA NO SÉ-culo, as grandes guerras mundiais marcaram sensivelmente a humanidade e tiveram incalculáveis reflexos na geopolítica, na economia e no conjunto da sociedade como um todo.

No início do século XX, o êxodo rural havia mudado a conjuntura das cidades e novas demandas sociais surgiam. Fatores como trabalho, habitação, saúde, educação e energia eram agora as novas preocupações da sociedade. Para piorar o cenário, eram também tempos de tensão e divergências entre os países.

Desentendimentos e conflitos políticos favoreciam a militarização da Europa e seriam o embrião da Primeira Guerra Mundial que se aproximava. Até por esse motivo, cresciam por lá as vagas de trabalho na indústria de armas, principalmente em países como Alemanha, Inglaterra, França e Rússia.

Como não poderia deixar de acontecer, também o ambiente tecnológico e o mundo do trabalho sofreriam influência direta desses marcos.

Também é verdade que se por um lado as grandes guerras causaram um desastre social, por outro, a indústria da guerra deixou um legado de desenvolvimento sem precedentes, sendo um grande laboratório de inovações tecnológicas, principalmente nos campos eletromecânico, metalúrgico e aeronáutico.

Vale lembrar que o atual movimento da "qualidade total", bem como grande parte das novas disciplinas teóricas de gestão, tiveram suas origens no desenvolvimento dos novos artefatos de guerra, como explosivos, veículos pesados, embarcações de grande porte, aviões de guerra e submarinos.

Além de mudar o cenário político e social do planeta, as grandes guerras mundiais do século XX impactaram significativamente o panorama do "mercado de trabalho" da época.

Na Alemanha, principalmente após a primeira grande guerra, a demanda por trabalhadores na indústria bélica sanou o problema do desemprego no país.

Nos Estados Unidos, nascia o movimento sindical e as condições de trabalho já eram pauta de discussão. Até então, gozar de boa saúde e mostrar condições físicas adequadas

30

para a função eram os únicos requisitos profissionais necessários para inserção no mundo do trabalho.

Nas primeiras décadas do século XX, o avanço tecnológico na matriz industrial europeia foi bastante expressivo. Notáveis avanços, em especial nos segmentos automotivo, têxtil e químico; a indústria bélica disputava os profissionais com habilidade em projetos mecânicos e eletrônicos. Nasciam os chamados *especialistas*.

Surgiam os pensadores da alta gestão, como Jack Welch e Peter Drucker, que enalteciam a importância do gerenciamento de processos como fator de competitividade.

Nas décadas de 1930 e 1940 do século passado, começaram a surgir nos Estados Unidos os primeiros estudos sobre comportamento e educação corporativa. Já se desenhavam, agora com critérios científicos, as novas competências técnicas e atitudinais que os novos profissionais deveriam demonstrar para um adequado posicionamento no novo mundo do trabalho.

A eletrônica avançou e passou a integrar cada vez mais os sistemas mecânicos. Novas universidades surgiram no Brasil e no mundo. Além das tradicionais graduações humanísticas, como Filosofia, História e Direito, as Engenharias e as Biomedicinas passaram a ganhar espaço na sociedade e uma crescente procura pelos jovens.

Após o ano de 1945, com o final da Segunda Guerra Mundial (que se estendia desde 1939), a escassez de recursos e alimentos era um agravante na Europa, Ásia e África. Ganhava força o movimento da qualidade industrial com foco na eliminação de desperdícios, melhoria de métodos e na otimização de recursos.

Os efeitos mais cruéis das grandes guerras foram menos sensíveis nos Estados Unidos e América do Sul, talvez pela distância geográfica das áreas de conflito, o que gerou um movimento positivo na economia dessas regiões.

A Europa e o Japão estavam arrasados após a segunda grande guerra. Mais de 60 milhões de mortos e um caos econômico sem precedentes.

A necessidade de reconstrução da Europa e do Japão abriu espaço para o trabalho de uma nova geração de profissionais, que tinham pela frente a missão de reerguer o mundo.

Grandes investimentos públicos e privados financiaram o desenvolvimento de novas tecnologias em todas as áreas do conhecimento. O amadurecimento do capitalismo forçava o consumo, fazia surgir novas necessidades na sociedade e aquecia a economia mundial.

As novas demandas sociais por bens de consumo aumentavam em ritmo acelerado. Entre os novos sonhos de *status*, estavam a televisão, os automóveis, as motocicletas, as geladeiras, os aparelhos de som, o telefone e outros artigos eletrônicos de uso pessoal e doméstico. Esse movimento de mudança de valores e conceitos se refletiu na música, na literatura, na moda, na educação e até na religião.

Com todas essas mudanças, o velho modelo de trabalhador do século anterior já não atendia aos novos requisitos de perfil profissional. Pessoas com formação específica em áreas técnicas e administrativas passaram a ser requisitadas pelas maiores organizações. Ainda era a época da extrema valorização dos especialistas.

O traço mais requisitado no perfil profissional estava relacionado com o amplo conhecimento e com a extrema habilidade para desempenhar uma tarefa específica, geralmente com foco no aumento da produtividade e na melhoria da qualidade, conceito agora mais amadurecido e valorizado pelas maiores organizações.

O mundo havia mudado e a sociedade continuava em constante mutação; os ambientes corporativos precisavam acompanhar essas mudanças e, consequentemente, os profissionais também precisavam dar respostas aos novos anseios de produtividade e crescimento dos negócios.

Em um passado recente, há cerca de quarenta anos, os grandes teóricos já apresentavam as principais recomendações para um profissional de sucesso.

O perfil ideal caracterizava-se pelo extenso conhecimento teórico e prático de determinado assunto, em habilidades de gerenciamento de processos de produção e na busca incessante pela qualidade. De fato, essas características ainda estão em voga, mas agora compõem um leque muito mais amplo de conhecimentos e comportamentos.

Mais uma vez, observamos o "girar da engrenagem" do mundo do trabalho. Mudanças sociais e econômicas impulsionando novos patamares de tecnologia e fazendo surgir novas demandas profissionais. Uma dinâmica que se repete desde o início dos tempos.

Vamos aprofundar esse assunto, mas, antes disso, vamos falar um pouco sobre mudança de paradigmas.

Um mundo em constantes mudanças de paradigmas

"Nada é permanente, exceto a mudança."

HERÁCLITO

POR MUITOS ANOS, GALILEU GALILEI DEFENDEU A ideia de que a Terra girava em torno do sol e não o contrário, como se acreditava. Galilei foi obrigado a se retratar sob pena de ser executado. Anos depois seus conceitos foram aceitos e impulsionaram um grande avanço nas ciências. Galileu bateu de frente com um paradigma da época.

No século passado, até o final da década de 1960, os relógios de pulso funcionavam com um sistema de molas e o usuário precisava "dar corda" periodicamente. A Suíça detinha 70% do mercado de relógios mundiais e recebeu uma oferta para mudar o sistema de molas para o sistema de quartzo, nova invenção da época.

A Suíça rejeitou a invenção e, com isso, poucos anos depois, perdeu o mercado mundial para os japoneses. Essa nova tecnologia foi o embrião dos relógios digitais, o novo paradigma tecnológico no "mundo dos relógios de pulso". Quando Bill Gates criou o Windows, ele facilitou imensamente a interação das pessoas com o computador. A nova interface lúdica, identificada com figurinhas (ou ícones), tornou o computador um aparelho mais fácil de manusear e foi determinante na expansão da informática. Bill Gates criou um novo "paradigma de relacionamento" entre o usuário e o microcomputador. Um professor americano, Chester Carlson, apresentou à IBM e à General Electric, nos anos 1940, sua nova invenção. Uma "geringonça" que tirava cópias de documentos. Essas empresas rejeitaram sua ideia, que foi aceita pela Xerox. O resultado foi o nascimento de um mercado bilionário de copiadoras, e a IBM e a GE perderam uma fantástica oportunidade de negócio.

Todos esses relatos são exemplos de paradigmas que foram enfrentados e modificados ao longo da história. Entendemos um paradigma como um modelo de pensamento, um padrão mental socialmente aceito por um indivíduo ou uma sociedade.

Lembra-se do paradigma do trabalho no mundo antigo, baseado na escravidão? Transformou-se para o paradigma da servidão na Idade Média e depois, com a Revolução Industrial, para o paradigma do trabalho assalariado.

Falar de evolução na história é falar de mudanças de paradigmas!

Todos nós temos paradigmas e isso em si não é nenhum problema. Ao longo de nossas vidas aprendemos muitas coisas que nos foram transmitidas a partir desses modelos estabelecidos por nossos antepassados.

O problema é quando ficamos presos a paradigmas antigos e defasados. Isso pode nos limitar a ver novas possibilidades e tapar nossos olhos para a prática da criatividade e da inovação.

O mundo dos negócios é constantemente levado a rever seus paradigmas. Há pouco tempo, as empresas viam seus empregados como trabalhadores que simplesmente vendiam sua força de trabalho. No novo paradigma dos negócios, o funcionário (agora "colaborador") é visto como parceiro, corresponsável pelo sucesso e pelo crescimento do negócio.

"Mudanças de paradigmas" é uma expressão-chave para o profissional do futuro e você já percebeu até aqui que a história do trabalho é repleta delas.

A internet mudou o paradigma da comunicação, da diversão, do trabalho e muitos outros... Imagine o que ainda vem pela frente, com a nova geração de telefonia e TV digital com extrema velocidade de transmissão de dados!

Agora que conversamos sobre paradigmas (e a necessidade de não ficarmos presos a paradigmas do passado), vamos continuar nossa história. Vamos entrar um pouco mais no "incrível mundo da tecnologia"?

O emprego e o incrível mundo da tecnologia

"Renda-se, como eu me rendi.
Mergulhe no que você não conhece como eu mergulhei.
Não se preocupe em entender, viver
ultrapassa qualquer entendimento."

CLARICE LISPECTOR

TENHO LEMBRANÇAS SAUDOSAS DE MINHA INFÂNCIA nos anos 1970, quando as crianças se divertiam com bolinhas de gude e peões de madeira e quando os papagaios (ou pipas) ganhavam o céu para nossa alegria. Éramos felizes naquela simplicidade, em um ambiente de ingenuidade incompatível com os novos jogos eletrônicos.

Uma das brincadeiras mais disputadas pelos garotos da época era o jogo de "pebolim", também conhecido como "totó". Até hoje muito comum no Brasil, o pebolim consiste em uma espécie de jogo de futebol, em que os bonecos, normalmente de madeira ou plástico, são montados dentro de uma caixa de madeira e manipulados por quatro pessoas, com objetivo de marcar gols e vencer o time adversário.

Era um jogo predominantemente masculino, raramente víamos meninas jogando pebolim, pois era considerado "jogo de garotos".

Recentemente, visitando uma loja de brinquedos, fui surpreendido com um moderno jogo de "pebolim feminino" em que os bonecos (jogadores) eram *barbies*. Com pintura rosa, o pebolim tinha todo um apelo feminino, com jogadoras de cabelo longo, adesivos de flores no "campo" e desenhos mais delicados na estrutura do brinquedo.

O "pebolim feminino" é um retrato desses "novos tempos". Tempos de mudanças e de rever os conceitos e paradigmas. É nesse novo ambiente de mudanças que vamos transitar neste livro.

Comentávamos, nos capítulos anteriores, sobre o papel da evolução do pensamento no mundo do emprego em cada época. Sem dúvida o trabalho é um dos elementos mais fortemente impactados pela transição dos paradigmas, mas não é o único.

O pebolim feminino é um exemplo fenomenal dos desdobramentos da evolução do pensamento, que se manifesta em todas as áreas da vida.

Entre os efeitos dessa espiral "evolutiva" do século XX, podemos citar centenas de invenções e transformações impactantes, como as descobertas da medicina nuclear, os novos meios de transporte nas cidades, a nova era da comunicação, os movimentos feministas e ambientais e o novo perfil das famílias, com novas configurações e arranjos.

Nos anos 1970, fazia sucesso no Brasil o calçado Kichute®, precursor dos modernos tênis de lazer e esporte. Disponível apenas na cor preta (lembra até os primeiros automóveis Ford fabricados nos Estados Unidos nos anos 1930), o Kichute® era sucesso absoluto entre os adolescentes da época. O *design* inconfundível marcou uma geração e virou objeto de admiração na mão de colecionadores. Hoje, em qualquer loja especializada em tênis esportivos, temos à disposição uma variedade de centenas de modelos, nacionais e importados. Novos materiais e milhares de cores, às vezes até dificultando a escolha.

Também poderíamos citar outros fenômenos relacionados ao atual ambiente tecnológico nacional, como as novas multinacionais brasileiras e as pesquisas nas áreas do petróleo e da aviação, entre outras.

Diversos outros fenômenos econômicos e sociais também são reflexos desse ambiente tecnológico, como a exportação das telenovelas nacionais, a expansão dos *shopping centers* pelo interior do país, e até a profissionalização do futebol e do carnaval.

Percebe como tudo isso impulsiona o surgimento de novas formas de trabalho e, consequentemente, faz surgir a necessidade de novos perfis profissionais? Tudo está relacionado!

Nesse imenso caldeirão de novidades do século XX, penso que nenhum outro produto retrata de forma tão emblemática a evolução de nossa sociedade quanto o automóvel.

Há pouco mais de quarenta anos, tínhamos no Brasil três ou quatro montadoras de veículos e cerca de vinte modelos disponíveis.

Em 2010 já se contavam cerca de quinze montadoras no Brasil, fabricando centenas de modelos, além da possibilidade do cidadão comum adquirir veículos de qualquer parte do mundo. Hoje, qualquer cliente tem a possibilidade de, pela internet, literalmente, "montar" o modelo que pretende adquirir, conforme suas necessidades e preferências.

A evolução da microinformática e das telecomunicações nos abre um leque infinito de possibilidades para novas formas de lazer, consumo, estudo e trabalho.

Já observou como os novos "brinquedos" tecnológicos vêm impactando nossa vida? Telefones celulares multifuncionais, TV a cabo, equipamentos de videoconferência, TV digital... Tenho ouvido relato de pessoas que assistem TV na própria residência com até seis equipamentos de controle remoto à disposição: TV, DVD, TV a cabo, *home theater*, ar-condicionado... assistimos TV com 180 funções diferentes nas mãos, distribuídas em vários controles remotos e muitas vezes não utilizamos mais que seis ou oito delas (embora tenhamos pago pelas 180).

É um novo fenômeno, na contramão dos avanços, definido por alguns futuristas como "intoxicação tecnológica". Recentemente, em um restaurante, alguém comentou que não possuía telefone celular e foi alvo de severas críticas dos demais, como se estivesse cometendo um pecado mortal, um crime. Parece que optar por não possuir um telefone celular é assinar o próprio atestado de homem das cavernas!

Curioso é que nem sempre essa sobrecarga de tecnologia tem efetivamente tornado nossa vida melhor. É incrível, mas parece em alguns casos que, quanto mais se dispõe de novos artefatos tecnológicos, menos se dispõe de tempo para se dedicar ao lazer, à qualidade de vida e às atividades realmente edificantes.

O filósofo italiano Domenico De Masi nos leva a refletir sobre o exercício do que ele denomina "ócio criativo", que sugere uma condição mais equilibrada de vida, dedicada ao desafio do convívio harmonioso entre trabalho, lazer e diversão.

É verdade que o "incrível mundo da tecnologia" também nos trouxe benefícios, como na medicina, nas telecomunicações, na infraestrutura das cidades, nos transportes, entre outras áreas.

Todavia, também é verdade que o preço de tudo isso é muito alto. O meio ambiente vem sentindo nossa fome de progresso e nossa falta de planejamento.

Nesse contexto, questiono sobre as novas demandas que surgem para os novos profissionais em início de carreira.

Afinal, que mundo é esse que os jovens estão herdando? Quais as grandes necessidades sociais e humanas que precisam ser atendidas? Será que nossas escolas e faculdades estão preparando adequadamente nossos jovens para esse novo cenário brasileiro e mundial do mundo do trabalho? Que novas competências precisam ser desenvolvidas nos atuais profissionais para responder a essas novas necessidades?

O trabalho no século XXI e o novo perfil profissional para os tempos atuais

*"É impossível haver progresso sem mudanças,
e quem não consegue mudar a si mesmo
não muda coisa alguma."*

GEORGE BERNARD SHAW

IMAGINO QUE, A ESSA ALTURA DA LEITURA, VOCÊ deve estar se perguntando por que tanta história para iniciar nosso papo sobre o novo perfil profissional nesses novos tempos, não é mesmo?

Bem, inicialmente, vamos fazer algumas considerações: a primeira delas é que o conhecimento do passado nos ajuda a compreender o presente. Daí nossa preocupação em fazer uma breve contextualização histórica, estudando a evolução do pensamento, a evolução da tecnologia e as interfaces destes fatores com o desenvolvimento do ambiente do emprego e do trabalho.

A segunda consideração importante se baseia no fato que o trabalho é essencial para o funcionamento do nosso mundo.

O trabalho é responsável pela produção de todos os produtos e bens de consumo da sociedade. Portanto, nada mais natural em uma obra que se propõe a falar do assunto, do que fazer um breve histórico do tema.

Outra consideração importante é compreender o papel do trabalho e do emprego em uma sociedade em acelerado processo de transformação tecnológica, pois o trabalho certamente é influenciado, bem como influencia essas mudanças. No relato que fizemos até aqui procuramos abordar cada tema histórico na sua forma mais superficial, apenas o suficiente para fundamentar o assunto. Sugerimos, desde já, uma leitura mais aprofundada de livros que tratam da história do trabalho, da história dos grandes filósofos ocidentais e da evolução da Economia e da Política através dos tempos.

Essa mesma história, que iniciamos neste livro sobre a evolução do mundo do trabalho, também pode ser contada sob uma perspectiva histórica, econômica, teológica ou até filosófica. Optamos por contá-la sob a perspectiva da evolução da tecnologia, tendo em vista que a ideia inicial do livro partiu da percepção de um mundo tecnologicamente em mudanças.

Após todas essas considerações, chegamos a nosso "assunto-alvo", que consiste em apresentar algumas características e comportamentos que sugerimos aos novos profissionais para seu melhor alinhamento e inserção nesses novos tempos.

Novamente enfatizamos que essa obra foi construída a partir da vivência do autor como consultor, junto a diversas empresas nos últimos 1o anos, e não a partir de estudos e pesquisas acadêmicas sobre o tema. Mais do que apontar soluções, nossa intenção é provocar reflexões.

Optamos pelas características que você verá a seguir, tendo em vista a fundamental importância que entendemos em cada uma delas. Poderíamos inserir várias outras, mas tivemos de selecionar somente algumas, considerando a necessidade de iniciar uma discussão. Talvez possamos em uma próxima obra discorrer sobre outro "lote" de características como complemento, mas entendemos que o que temos aqui já é um bom começo.

Todo o histórico que você viu até este ponto teve por objetivo mostrar que esse novo perfil do profissional do futuro é fruto de um processo evolutivo que se entende há muito tempo. É fruto ainda de uma convergência de conjunturas tecnológicas, sociais, humanas, filosóficas, econômicas e políticas. Daí nosso empenho de escrever um pouco sobre o desenvolvimento humano (se é que se pode chamar assim) para fundamentar – mesmo que superficialmente – a parte seguinte deste livro.

Inicialmente, na concepção deste livro, enumeramos dezenas de características (todas igualmente relevantes) que poderiam compor nosso perfil do profissional moderno. Neste ponto, a questão que surgiu foi a seguinte: como selecionar quais características de comportamentos e atitudes iriam compor a obra?

Para chegar a um número que nos atendesse, decidimos fundamentar nossos estudos em alguns movimentos que julgamos importantes no contexto do trabalho e do emprego. O primeiro desses movimentos está relacionado à prática do empreendedorismo, por entendermos que esse fenômeno pode, de fato, se constituir em um importante instrumento de transformação social, por meio da geração de emprego e renda.

O segundo movimento que nos fundamentamos está relacionado ao resgate de valores espirituais e humanísticos, como a solidariedade, a ética e o amor ao próximo. Entendemos que teremos melhores profissionais quando tivermos melhores seres humanos.

Dessa forma, as características que apontaremos a seguir para a formação de um perfil profissional mais alinhado aos novos tempos (e fruto da evolução tecnológica já comentada) foram agrupadas em duas dimensões, denominadas apenas para fins literários como "dimensão empreendedora" e "dimensão espiritual e humana".

Veremos que essas dimensões se complementam e que o profissional moderno deve buscar a cada dia desenvolver em si cada um dos aspectos que apresentaremos, formando um perfil "multipreparado", impondo-se o desafio de alcançar o equilíbrio entre produzir mais e viver melhor, tirando amplo proveito dos fascinantes recursos tecnológicos e contribuindo para a construção de um mundo mais afetivo.

Sendo assim, as características e comportamentos essenciais para o profissional do futuro que vamos explorar nesta obra são as seguintes:

- dimensão empreendedora:
  - busca de oportunidades;
  - iniciativa;
  - visão de futuro e estabelecimento de metas;
  - persistência e comprometimento;
  - comunicação;
  - redes de relacionamento;
- dimensão espiritual e humana:
  - espiritualidade nos negócios;
  - bom humor e otimismo;
  - gentileza;
  - comportamento solidário;
  - disciplina;
  - ética.

Você verá que optamos por trabalhar aspectos mais comportamentais do que técnicos ou cognitivos. Como já frisamos, apesar de compreendermos a necessidade do conhecimento específico na área de trabalho e a qualificação profissional para todo e qualquer trabalhador, procuramos valorizar aspectos mais atitudinais, destacando o homem, na sua essência, como elemento-chave na construção de uma sociedade mais equilibrada e feliz.

Também é interessante ressaltar que as características que apontaremos neste livro não tratam de dons pessoais e não nascem necessariamente com o indivíduo. Todos os comportamentos que, no nosso ponto de vista, definem esse novo profissional do século XXI podem ser desenvolvidos por qualquer pessoa, se assim o desejar.

Na verdade, é também nossa intenção que, uma vez estudando esse novo perfil para o profissional dos novos tempos, você possa fazer uma reflexão sobre os conteúdos abordados e, se julgar pertinente, incorporar na sua vida pessoal práticas e atitudes que possam contribuir com seu autodesenvolvimento e com sua carreira.

Vamos comentar sobre as duas dimensões que sugerem um novo perfil profissional a partir de exemplos e narrações de casos que foram vivenciados pelo autor. Dessa forma, além de ilustrar melhor os comportamentos e atitudes, você ainda conhecerá uma série de casos bem interessantes, tendo como protagonistas, na sua maioria, empresários e empreendedores brasileiros.

Seja bem-vindo ao novo perfil do profissional do futuro!

PARTE 2

AS CARACTERÍSTICAS E COMPORTAMENTOS DO PROFISSIONAL DO FUTURO EM UM AMBIENTE DE EXTREMA TECNOLOGIA E MUDANÇAS ACELERADAS

A dimensão empreendedora

"Você deve ser a própria mudança que deseja ver no mundo."

MAHATMA GANDHI

APESAR DE NÃO SER UM FENÔMENO NOVO, O EMPREEN-dedorismo nasceu efetivamente como disciplina de estudo por volta do ano de 1940, e hoje é visto por muitos estudiosos como um dos instrumentos mais potencialmente capazes de gerar transformação econômica e social.

A partir da Segunda Guerra Mundial, com a desestruturação da economia europeia, a ideia de estimular a geração de novos negócios ganhou força, pois era vista como um importante instrumento de geração de emprego e renda. Surgiram na Europa várias iniciativas de apoio à abertura de empresas. A Organização das Nações Unidas contribuiu significativamente com a realização de pesquisas e com o financiamento de ações relacionadas ao movimento que já era tratado como "empreendedorismo".

Desde então, a Psicologia e a Economia vêm estudando esse fenômeno, criando diversas teorias e tentando definir o que seriam os principais comportamentos e características empreendedoras. Para os interessados em aprofundar o assunto, há uma imensa variedade de livros e artigos que podem ser encontrados em livrarias ou garimpando na internet.

Não vamos nos aprofundar nas origens históricas ou filosóficas do empreendedorismo, já que isso foge de nosso objetivo; mas vamos nos restringir apenas em comentar alguns fatores que acreditamos estar diretamente relacionados com esse movimento e que podem, de fato, contribuir para o sucesso do profissional moderno.

É oportuno comentar que quando falamos em empreendedorismo não estamos enxergando esse fenômeno apenas como uma iniciativa individual de abrir novos negócios e prosperar como empresário ou algo similar. Vemos o empreendedor como aquele indivíduo que sonha e que trabalha deliberadamente para tornar realidade seus projetos. O empreendedor é aquele que percebe uma oportunidade e cria instrumentos para aproveitá-la (empresa, organização, *e-commerce*, etc.). O empreendedor é aquele que "faz acontecer".

Normalmente é mais fácil perceber um perfil empreendedor ao se analisar um empresário, dono de um negócio próprio, mas é importante dizer que nem todo empresário tem perfil empreendedor.

Às vezes, um empresário inicia um negócio por absoluta falta de perspectiva em achar um emprego e acaba empreendendo por circunstâncias "não empreendedoras". Provavelmente você já conheceu alguém que, por não ter conseguido colocação no mundo do trabalho, só restou a opção de iniciar um pequeno negócio ou uma atividade autônoma. Nesses casos, não observamos o perfil empreendedor que estamos discutindo.

Os empreendedores de fato são aqueles indivíduos que têm iniciativa para criar e têm paixão pelo que fazem. São pessoas que prezam pela qualidade em tudo que fazem. Eles utilizam bem os recursos e estão sempre abertos a correr riscos calculados. São visionários, dinâmicos e muito dedicados... geralmente possuem carisma quando expõem suas ideias e têm habilidade para montar equipes de alto desempenho. Normalmente contam com uma ampla rede de contatos e sabem utilizá-la a favor de seus projetos.

Qualquer indivíduo, mesmo como funcionário ou colaborador de qualquer organização, pode – e deve – desenvolver comportamentos empreendedores. É um fenômeno batizado por alguns estudiosos como "intraempreendedorismo", no qual o indivíduo atua como vetor de transformação em seu ambiente de trabalho por meio da realização de seus sonhos, seus projetos e suas metas, alinhado-os aos interesses da organização.

Nos capítulos finais, após apresentarmos as características do profissional do futuro, voltaremos a comentar sobre o fenômeno do intraempreendedorismo, quando teremos outros elementos para uma discussão mais aprofundada.

Na estrutura deste livro, classificamos as seis primeiras características e comportamentos do "Profissional do Futuro" no bloco da "dimensão empreendedora", muito embora cientes que não são as únicas, já que muitas outras podem ser elencadas e também são igualmente relevantes.

Vamos a elas!

A busca de oportunidades

"As oportunidades são como o nascer do sol.
Se você esperar demais, vai perdê-las"

WILLIAM ARTHUR WARD

ERA UM SÁBADO DE CARNAVAL DO ANO DE 2007 E A CIdade onde eu morava, assim como todo o país, estava em festa. Naquela ocasião, os estabelecimentos comerciais já não funcionavam mais e somente hospitais e outros serviços essenciais davam o ar da graça.

Recordo-me que, ao passar de carro pelo centro da cidade, fui surpreendido por uma escola de informática em pleno funcionamento. Podia ver as salas cheias de alunos e um ambiente de trabalho a todo vapor. Achei curioso aquele movimento de pessoas estudando em pleno dia de carnaval, mas não dei muita importância.

O mais interessante foi ver a mesma escola funcionando normalmente e repleta de alunos também no domingo de carnaval, na segunda e na terça-feira! Não somente durante o dia, mas também à noite! Naqueles dias, apenas aquela escola estava aberta e funcionando. Apesar de achar um tanto incomum, imaginei que se tratava de um curso intensivo preparatório para algum concurso ou coisa do gênero. Passado algum tempo, tive a oportunidade de conhecer o proprietário daquela escola em um evento promovido pelo Sebrae, que reuniu vários empresários. Quando ele se identificou, recordei o episódio da escola funcionando no carnaval e o questionei sobre como tinha conseguido aquela façanha.

Ele contou que no mês de janeiro daquele ano vinha enfrentando grande dificuldade com a escassez de alunos e que precisava fazer algo para reverter aquela situação. Então resolveu agir.

Ele tinha conhecimento de algumas igrejas cristãs cujos fiéis não tinham a prática de participar de festividades de carnaval. Dessa forma, algumas semanas antes das festas, visitou várias daquelas igrejas oferecendo pacotes intensivos de cursos de informática que seriam ministrados durante o feriado prolongado, a um preço diferenciado.

Toda aquela ação foi criteriosamente planejada, tanto na logística do trabalho como nas atividades pedagógicas, que tiveram seus programas de curso condensados para a realização em curto período. A equipe de professores foi sensibilizada e prontificou-se a trabalhar naqueles dias, tendo posteriormente um bom retorno no faturamento de horas extras.

O resultado foi excelente para a empresa: aumento da clientela, ótimo retorno financeiro e a conquista de uma nova e expressiva fatia de mercado. Não é incrível? Uma verdadeira aula nos quesitos "busca de novas oportunidades" e de "planejamento". Às vezes, uma única jogada bem pensada faz toda diferença no negócio.

Já parou para ver quantas oportunidades surgem a cada dia para você? Esse mundo acelerado e farto de novidades também é um mundo repleto de oportunidades. Vivemos um tempo fértil para novas ideias e cada vez mais é comum surgirem novos milionários. Isso também é reflexo direto daquele ambiente de mudanças que já discutimos.

Infelizmente, busca de oportunidades não é uma matéria que se aprende na universidade. Ainda não foi criada essa disciplina! É comum encontrarmos excelentes profissionais com ótimos currículos, mas com grandes limitações para "farejar" oportunidades inovadoras no mundo dos negócios.

A capacidade de manter-se "antenado" e visualizar oportunidades de mercado é uma característica cada vez mais valorizada pelas grandes corporações. Em processos seletivos de recrutamento de pessoas para grandes empresas, os profissionais da área de recursos humanos já procuram identificar candidatos que demonstrem essa capacidade.

Felizmente, o mundo atual nos dá uma imensa contribuição nesse sentido. Nunca houve tanta "oferta" de informação. Os maiores canais de comunicação e notícias do mundo estão a um clique de qualquer cidadão! Multiplicam-se as opções de acesso grátis à internet, tanto em ambientes públicos como privados. Nunca foi tão fácil manter-se bem informado! Aliás, já está ficando difícil selecionar e filtrar o que deve ser visto, tão grande é o volume de informações a que somos diariamente expostos.

E de que forma o profissional moderno pode desenvolver o comportamento da "busca de oportunidades"? Antes de qualquer coisa é preciso "querer enxergar", além de ter disciplina para pesquisar e ficar permanentemente ligado.

Busque aproveitar seu tempo livre com atividades criativas e prazerosas, isso expande a criatividade e turbina a cabeça para ideias inovadoras. Converse com novas pessoas e viaje para novos lugares. É um ótimo e prazeroso exercício!

Como vimos, a busca de oportunidades foi fator chave no comportamento empreendedor do proprietário daquela escola de informática, mas o que foi ainda mais decisivo para ele, foi a iniciativa de agir. De nada adiantaria a ideia se ele, efetivamente, não tivesse entrado em ação, não é mesmo?

Provavelmente você conhece alguém cheio de ideias incríveis, mas que não age e, portanto, não realiza muita coisa. Por isso que busca de oportunidades e iniciativa de agir são fatores que se complementam. Veja só a próxima história.

A iniciativa

"Ou você faz poeira, ou come poeira."

H. JACKSON BROWN

ERA DEZEMBRO DE 1999 E, COMO DE COSTUME, ESTAVA com minha família vivendo agradáveis dias de férias, regado a muita água de coco e camarão, no litoral do Rio Grande do Norte, próximo à divisa com o estado do Ceará.

Naqueles dias, um amigo morador da região contou-me que estava muito desanimado em continuar com seus negócios e que estava propenso a mudar de vida. Estava disposto a vender sua empresa e iniciar outro negócio, mas ainda não tinha nada em mente.

Ele possuía uma oficina de manutenção em carrocerias automotivas de fibra de vidro. Naquela região era comum (e ainda é) a utilização de veículos tipo buggy (ou jipes), ideais para utilização em áreas de praia. Seu trabalho consistia em realizar pequenos reparos em fibra de vidro nas carrocerias dos carros.

Sua família possuía uma grande fazenda próxima ao litoral (cerca de 10 km da praia), uma área muito selvagem e de pouco valor econômico. As terras não eram consideradas produtivas, o que, segundo ele, impossibilitava qualquer utilização para agricultura. Para piorar a situação não havia nenhuma vegetação nativa e as águas subterrâneas eram extremamente salgadas.

Com certa mágoa ele ainda brincava, dizendo que suas terras tinham água mais salgada que a água do próprio oceano!

Naqueles dias, ele foi requisitado por uma empresa de um município próximo – Aracati, no Ceará – para realizar um serviço de manutenção em alguns equipamentos de fibra de vidro naquela cidade.

Na ocasião, o cliente não comentou os detalhes do serviço, apenas agendou a realização do trabalho. Equipado com suas ferramentas, ele partiu para mais um atendimento, sem imaginar que seu futuro seria profundamente alterado por aquela viagem.

Ao chegar à cidade, foi logo recebido pelo cliente que o encaminhou para uma área onde ficavam dezenas de lagoas para criação de camarão em cativeiro.

Seu serviço seria fazer pequenos consertos em peças de fibra que ficavam nas lagoas e que serviam como pás ou hélices para agitar a água dos tanques.

62

Era a primeira vez que ele via aquilo e não entendia muito de camarão – muito menos de tanques de criação.

Muito comunicativo, foi ganhando intimidade com aquele grupo durante o serviço e acabou estabelecendo um vínculo de amizade com as pessoas que ali trabalhavam. Em um determinado momento, recebeu uma informação que fez toda diferença: o gerente da empresa relatou que aquele segmento de negócio (camarão em cativeiro) era muito rentável, mas que poderia ser ainda mais lucrativo se fosse localizado em áreas mais selvagens, preferencialmente em terras com pouca vegetação e principalmente com um subsolo rico em água salobra. Quanto mais salobra a água do subsolo, mais produtividade o tanque poderia alcançar. Naquele dia ele ainda teve acesso a uma série de informações sobre custos, preços, mercado e canais de comercialização para o produto.

Nem precisaria contar o final dessa história, não é mesmo? Ele voltou para casa animadíssimo com a ideia, tomou a iniciativa de pesquisar mais sobre o assunto e cerca de quatro meses depois, seus três primeiros tanques de camarão já estavam prontos!

No ano seguinte, fez a primeira venda e realmente mudou de vida. As terras da família, antes esquecidas e pouco valorizadas, passaram a ser a grande fonte de trabalho e renda não somente para ele, mas também para outras pessoas da comunidade.

É claro que conseguir a informação foi fundamental, mas a iniciativa de fazer acontecer foi decisiva!

Você conhece alguém que tem ideias incríveis, mas não tem iniciativa nenhuma? Pois é, pouco adianta, não é mesmo? Por isso falamos em busca de oportunidades e iniciativa. Uma coisa sem a outra não traz muito resultado.

O fator iniciativa é outra daquelas práticas que não se aprende nas escolas. Ter iniciativa é importante e deve ser uma atitude permanente, não apenas no mundo dos negócios, mas em qualquer circunstância da vida.

Em dinâmicas de grupo para processos de recrutamento é comum a prática de atividades que permitam detectar indivíduos com iniciativa. Em geral, são profissionais mais requisitados.

Não adianta somente "resolver fazer", é preciso realizar! Quantos profissionais poderiam fazer muito mais se tivessem iniciativa para realização. Tenha iniciativa e faça acontecer! E não venha dizer que não agiu por falta de tempo, essa desculpa não serve. Falta de tempo é a maior desculpa dos que perdem tempo por falta de métodos!

Quer exercitar um pouco? Primeiro é preciso estar aberto a novas ideias. Isso é primordial, pois as novidades nos instigam a alma e nos impulsionam a novas experimentações. Quanto mais munidos de informações e com maior autoconfiança, teremos uma condição mais favorável para novas iniciativas.

Procure conversar com novas pessoas, viaje mais, assista na TV a programas que você não está habituado a ver, experimente novos filmes, aventure-se em atividades diferentes das que está acostumado, faça novos cursos, participe de novas associações, leia revistas de vários gêneros e se aproxime de novos mundos.

Isso tudo ajuda a criar uma atmosfera de mudança e de novidades. Como já comentamos, esses são os temperos fundamentais da inovação e do crescimento. Sendo assim, fique atento às oportunidades que surgem e tenha iniciativa de agir. Mostre que você é um profissional que faz a diferença!

A importância da visão de futuro e o estabelecimento de metas

"Interessa-me o futuro porque é o lugar onde vou passar o resto da minha vida."

WOODY ALLEN

NOS CAPÍTULOS ANTERIORES, FALAMOS DA IMPORTÂNCIA DA busca incessante de oportunidades e da necessidade de agir, que chamamos de iniciativa.

É claro que isso é importante, mas há também muitos outros elementos indispensáveis nesta história. É oportuno falar da importância de uma visão de futuro bem definida e da necessidade da construção de metas pessoais específicas e consistentes.

Definir uma meta é o primeiro passo rumo à realização de um sonho! Toda meta deve partir de um sonho! Um sonho que seja rico em significado e que motive o indivíduo a buscar sua realização pessoal.

Nesse sentido, vou compartilhar com você uma história bem interessante.

No final do ano de 2009 realizei uma palestra em um evento do Sebrae na cidade de Palmas, capital de Tocantins. Na ocasião, havia um rapaz que trabalhava como "apoio técnico" na operação da mesa de som e dos equipamentos de iluminação do ambiente. Aparentava ter seus vinte e poucos anos e bastante disposição para ajudar no suporte aos conferencistas.

Terminada minha apresentação, teve início o intervalo do evento, ele cordialmente veio até mim, e conversamos por alguns minutos.

Ele me relatou que era proprietário de todo o conjunto de iluminação e som do auditório e que trabalhava no segmento de locação de equipamentos e serviços para eventos. Fiquei surpreso com a pouca idade do rapaz e com tamanho patrimônio que ele já havia adquirido com o próprio trabalho, já que era uma estrutura bastante significativa.

Na palestra que acabava de ministrar, havia falado sobre a importância dos sonhos e da visão de futuro e esse assunto havia chamado sua atenção.

Perguntei a ele qual era sua visão de futuro para o negócio de locação de equipamentos de áudio e som, e a resposta dele foi uma verdadeira aula no quesito "construção de uma visão de futuro".

67

Ele relatou-me que se via no futuro, em 2014, com o triplo da quantidade de equipamentos de áudio e som que ele até então possuía.

Ainda segundo seu raciocínio, o ano da Copa do Mundo de futebol no Brasil (2014) traria para Brasília (uma das cidades-sede) uma incrível quantidade de eventos que viriam a "reboque" do evento da FIFA e essa percepção foi determinante em sua construção de cenário para o futuro. Ele já enxergava a enorme demanda por locação de equipamentos de som e vídeo que deveria acontecer por lá.

Sendo assim, sua pretensão era transferir a empresa para Brasília no início de 2014 e se tornar fornecedor para um imenso mercado de eventos naquela cidade.

Não é incrível a visão de futuro do nosso amigo? Já marcou o primeiro gol!

Nada mais motivador para um profissional do que uma visão de futuro consistente, desafiadora e alcançável! Enxergar aonde quer chegar e ter clareza de como alcançar é o primeiro (e fundamental) passo para atingir o resultado.

Vale frisar que uma meta não é a mesma coisa que um desejo. Um desejo é, no máximo, uma intenção de obter algo ou uma finalidade a ser atingida, mas nem sempre se constituiu em uma meta realmente empreendedora. Metas consistentes devem se traduzir em ações para atingir os objetivos. A meta deve ser escrita, detalhada.

Um exemplo clássico para ilustrar é o caso dos dois amigos que queriam melhorar as condições de moradia de suas famílias. Cada um tinha como meta construir sua casa nova. O primeiro dizia que sua meta era "construir uma casa nova". O segundo declarava que sua meta era "construir até novembro daquele ano, no Setor Sul da cidade, uma casa nova com área construída de 210 m², com 3 quartos, 2 banheiros, 2 salas, cozinha, garagem para 3 carros e área de lazer, investindo no projeto R$ 200 mil reais com recursos próprios".

Percebe que a meta do segundo homem está bem mais específica que a do amigo? Tecnicamente falando, o primeiro homem não tinha exatamente uma meta, mas no máximo uma intenção! Um desejo! Longe de realmente classificarmos como uma meta empreendedora.

Uma meta bem construída deve ser descrita da forma mais específica possível, detalhada, deve ser rica em significado pessoal, deve ter um horizonte de tempo definido (prazo), ser realizável, possível e acima de tudo tem que possibilitar sua medição e acompanhamento. Assim temos verdadeiramente uma meta! É a chamada meta SMART: eSpecífica, Mensurável, Alcançável, Relevante e Temporal.

Todos querem ser felizes; no entanto, "ser feliz" não pode ser a expressão de sua meta na vida! Felicidade é um fator relativo, não há uma regra concreta que expresse o que é ser feliz. Não é específico, percebe? Não dá para medir a felicidade. O desejo de ser feliz é um sonho nobre e legítimo, mas não pode ser encarado como uma meta SMART. Volto a frisar: não é uma meta empreendedora!

Já pensou quanta coisa não aconteceu em sua vida simplesmente pela dificuldade de determinar e definir com clareza as metas que você queria alcançar?

Profissionais do futuro devem ter metas consistentes na vida. Se você trabalha vinculado a uma empresa, então suas metas pessoais devem estar alinhadas com as metas da organização que você trabalha, pois, caso isso não ocorra, será muito difícil conciliar os interesses.

Organizações líderes de mercado e bem consolidadas têm metas bem estruturadas, não é mesmo? Já observou como as empresas mais admiradas têm metas bem consistentes? Elas sabem aonde querem chegar e trabalham com determinação para isso! Da mesma forma, o profissional do novo século deve ter metas pessoais bem estruturadas.

Uma meta bem construída, clara e "no papel" contribui imensamente para alcançar o objetivo e aumenta em até 60% a chance de sucesso. Portanto, não se esqueça: daqui para a frente, seja SMART nas suas metas e comprometa-se com elas.

E por falar em comprometimento, vamos conversar um pouco mais sobre esse tema, é o nosso próximo assunto.

A persistência e o comprometimento

"A persistência é o caminho do êxito."
CHARLIE CHAPLIN

JÁ COMENTAMOS SOBRE ALGUNS COMPORTAMENTOS imprescindíveis para o profissional do futuro, como a necessidade de manter-se "antenado" na busca de oportunidades e de estabelecer objetivos significativos para a vida pessoal e profissional. Gostaria agora de comentar sobre dois fatores imprescindíveis para o sucesso na carreira do profissional do século XXI: a persistência e o comprometimento.

Recentemente voltava para casa depois de ter atuado como instrutor do Sebrae em mais um seminário EMPRE-TEC, realizado na cidade de Iporã, noroeste do Paraná. Viajava na companhia de um colega também do Tocantins e ainda tínhamos muita viagem pela frente. Seguíamos para a cidade de Londrina, onde pegaríamos um avião com destino a Palmas, capital do Tocantins.

Paramos para um café em um posto de combustível próximo à cidade de Umuarama, onde fomos muito bem recebidos com a típica hospitalidade paranaense. Conversávamos com os funcionários do posto quando fomos interrompidos pelo som inconfundível de um motor de motocicleta que se aproximava. Um som que tomou todo ambiente, um "ronco" típico de uma máquina de grande cilindrada, capaz de fazer bater mais forte os corações apaixonados por moto.

Era um senhor aparentando ter uns cinquenta e poucos anos, pilotando uma motocicleta Harley-Davidson de 1.000 cilindradas. O posto "parou" com a chegada do viajante... A imponência da motocicleta e o estilo do motoqueiro com sua jaqueta de couro preto lembrava os clássicos filmes americanos.

O motoqueiro estacionou próximo ao veículo que viajávamos, acelerou mais forte e desligou a máquina. Quando viu a placa de nosso carro, ele abordou meu colega dizendo que também era mineiro! Meu amigo sorriu, disse que o carro era locado e que a placa de Belo Horizonte não correspondia à nossa origem, pois morávamos no Tocantins.

Quando soube que éramos do Tocantins, prontamente estabeleceu-se uma aproximação entre nós; ele nos contou que havia trabalhado muito tempo como carreteiro e que já havia feito muitas viagens para a nossa região. Contou-nos que em seus tempos de caminhoneiro conheceu várias cidades de Goiás, Tocantins, Maranhão e Pará, fazendo entregas a dezenas de empresas e instituições.

O que mais me chamou atenção naquele homem foi quando nos relatou que, desde os tempos de caminhoneiro, tinha um sonho de ter uma frota de caminhões e adquirir uma moto para passear nos finais de semana. Com as palavras dele, nos disse o seguinte:

Eu tinha um caminhão Mercedes e sonhava em ter minha própria frota de carretas. Também sonhava com uma moto, como aquela dos filmes, para passear nos finais de semana... eu passava a noite sonhando com o ronco da moto... eu tinha certeza que um dia teria minha própria motocicleta! Mas eu não fiquei apenas sonhando! Eu comecei a trabalhar para alcançar meus objetivos! Enquanto meus amigos caminhoneiros almoçavam nos restaurantes, eu comia no meu caminhão, esquentando minha marmita! Eu só dormia na cabina do caminhão, nunca em pousadas, assim ficava mais econômico. Eu também arrumava sozinho as cargas na carroçaria para economizar mais alguns trocados com ajudantes. Juntei cada real que ganhei. Renunciei a festas e gastanças, pois tinha um objetivo claro que queria alcançar. Foram cerca de vinte anos de dedicação! Com o tempo, comprei mais um caminhão e depois mais dois.

Hoje tenho uma pequena frota de oito carretas. Não dirijo mais, tenho alguns motoristas que trabalham para mim. São poucos os caminhoneiros autônomos que conseguem montar uma pequena frota e eu consegui. Também montei uma pequena escola infantil, que é meu novo projeto de vida. Este ano me dei ao luxo de comprar minha moto e realizar meu antigo sonho! Agora, aos domingos, saio para passear com minha esposa, colhendo os frutos dos objetivos alcançados.

É uma história incrível de alguém que não ficou esperando que as coisas acontecessem na vida. Aquele homem, além de ter estabelecido uma visão de futuro bem concreta e metas bem específicas, teve iniciativa para buscar seus sonhos. Mas, como comentamos, somente ter metas e iniciativa não são suficientes para alcançar o que se pretende. Há dois grandes combustíveis que impulsionam as metas e os sonhos: a persistência e o comprometimento!

Só é possível ter persistência quando se tem metas e objetivos! Normalmente vejo pessoas que se dizem "persistentes", quando de fato estão mais para teimosas! Há uma sutil diferença entre persistência e teimosia: o persistente tem claro o que quer e tem fundamentação no que pretende fazer. Tem objetivos específicos, toma decisões com base em informações e tem clareza do significado e desdobramentos de suas ideias e projetos. Compartilha seus sonhos e escuta sugestões e críticas. O teimoso geralmente não tem nem mesmo uma meta definida. Quer algo, mas nem sabe ao certo o porquê. Deseja por impulso, às vezes por acreditar que é uma "questão de honra".

O comprometimento é fator crucial para a conquista de objetivos. Assim como a persistência, só há comprometimento quando existe um objetivo a ser alcançado.

Nosso amigo caminhoneiro (ou motociclista) é um belo exemplo de persistência e comprometimento. Ele arrumava sozinho as cargas no caminhão, pois era comprometido com seus sonhos. Suas metas eram ricas em significado pessoal.

Persistência e comprometimento são dois fatores em alta no competitivo mundo dos novos talentos. Profissionais persistentes e comprometidos são mais disputados, pois são pessoas que motivam o grupo com o próprio exemplo.

E você, considera-se uma pessoa persistente? Comprometida? Considerando que só há persistência quando existe uma meta a ser alcançada, sugiro que não perca mais tempo; construa seus sonhos, estabeleça seus objetivos e persista! Comprometa-se com suas metas e faça acontecer o futuro em sua vida!

A comunicação

"Quem não se comunica se trumbica."

ABELARDO BARBOSA, O CHACRINHA

COMO JÁ DISSEMOS, METAS BEM CONSTRUÍDAS SÃO fundamentais e, quando alinhadas com uma visão de futuro consistente, podem ajudar bastante para o sucesso de um profissional.

No entanto, em um mundo supercompetitivo, pouco adianta uma boa ideia ou um projeto comercial bem construído se não for corretamente comunicado a potenciais parceiros, clientes, fornecedores, concorrentes e comunidade.

Também no campo pessoal, a importância da uma correta comunicação é cada vez mais imprescindível para o profissional moderno. Vivemos tempos em que as relações humanas podem fazer – e fazem – muita diferença para os resultados que se pretende alcançar.

Como comentamos anteriormente, o mundo nunca mais foi o mesmo depois de Gutenberg. Após a invenção das primeiras máquinas de impressão, a necessidade de se comunicar só continuou crescendo e forçando a criação de novos canais e instrumentos.

O antológico apresentador da TV brasileira Abelardo Barbosa – o Chacrinha – brincava com o jargão "quem não se comunica se trumbica", e talvez não imaginasse o quanto suas palavras seriam tão adequadamente aplicadas no mundo dos negócios.

É comum encontrarmos profissionais que, apesar de um excelente currículo, apresentam extrema dificuldade para se comunicar com outras pessoas e trabalhar em grupo. A habilidade nas "relações humanas e interpessoais" já diferencia os profissionais, sendo classificada até como uma nova forma de inteligência.

Trabalhei durante seis anos no Senai no estado do Tocantins, na época uma organização com cerca de 120 colaboradores e muitas ações em todo o estado. Naqueles anos, acompanhei a chegada e a saída de muitos funcionários, alguns com invejável currículo e muitas especializações. Um fato curioso foi perceber que muitos profissionais, mesmo com grande conhecimento técnico, apresentavam grande dificuldade de relacionamento e comunicação. Bons profissionais que, muitas vezes, falavam fluentemente outros idiomas e, no entanto, não conseguiam se comunicar adequadamente na própria língua.

Comunicação é uma necessidade básica de sobrevivência. Extrapola o universo profissional e é condição cada vez mais imprescindível na sociedade moderna.

Geralmente imaginamos um bom comunicador como uma pessoa extrovertida e tagarela. Você também pode estar pensando que os tímidos e introvertidos estão fadados ao fracasso, não é mesmo? Não é bem assim. Cada um deve encontrar sua própria maneira de se comunicar de maneira mais efetiva.

Apesar de ser extrovertido com os amigos mais próximos, sempre fui muito tímido e a ideia de falar em público me causava calafrios. Convivi com esse pânico até a faculdade, quando talvez por uma "providência divina" passei a compor o Diretório Acadêmico da Faculdade de Engenharia da UNESP, em Bauru, no estado de São Paulo.

Nunca vou esquecer a ocasião em que precisei entrar em uma sala de aula, onde estavam cerca de cem veteranos do 5º ano, para passar um comunicado sobre uma assembleia do Centro Acadêmico.

Cursava ainda o 2º ano de faculdade e, na função de secretário, eu apenas acompanhava o então presidente da entidade que faria o convite. Lembro que, na iminência de entrarmos na sala, o presidente precisou ausentar-se e tive de enfrentar sozinho meu maior pesadelo, entrando naquela sala para fazer o bendito comunicado.

Naquele dia, descobri que vergonha não mata! O fato é que entrei, passei o recado e tudo deu certo. Uma hora mais tarde já tinha parado de tremer. Passados mais de quinze anos daquele episódio, hoje ministro palestras em eventos, empresas e instituições; confesso que o frio na barriga ainda existe, mas sigo descobrindo novas formas de conviver e até de tirar proveito de minhas características pessoais. É preciso esforço para melhorar.

Profissionais modernos devem atentar para a necessidade de se comunicar de forma eficaz. Já percebeu o quanto é trágico um médico que não se comunica de forma adequada com seus pacientes? Ou o arquiteto que tem dificuldade em se entender com seus clientes? Consegue imaginar um candidato muito tímido em uma entrevista profissional, disputando uma vaga de trabalho em uma grande empresa? Nessas horas, uma comunicação eficaz faz toda diferença.

Caso você sinta dificuldade em se expressar e acha que isso pode ser um dificultador de crescimento em sua carreira profissional, meu conselho é que você procure ajuda, preferencialmente por meio de serviço profissional. Alguns cursos de expressão corporal e até oficinas de teatro também podem ajudar, mas é preciso, antes de tudo, reconhecer a fraqueza e se propor a mudar. A boa notícia é que é possível melhorar sim, desde que haja vontade e que se trabalhe firme para isso.

A melhora constante na forma de se comunicar desdobra-se para outra característica que precisamos comentar: a capacidade de criar redes de relacionamento e redes de contato, nosso próximo assunto.

As redes de relacionamento

"A falta de amigos faz com que o mundo pareça um deserto."

FRANCIS BACON

REFLEXO DIRETO DE UM AMBIENTE SUPERCONECTADO, a capacidade de articular redes de contato é considerada por muitos estudiosos como mais um dos grandes comportamentos empreendedores para o profissional do futuro. É cada vez mais difícil crescer sozinho, sem depender de ninguém e sem estabelecer parcerias construtivas.

Sempre tive por hábito manter contato com antigos amigos, colegas de faculdade e conhecidos nas diversas cidades em que já morei.

Recentemente, "garimpando" na internet, tive a grata surpresa de localizar um velho amigo que há dezesseis anos não tinha conhecimento de seu paradeiro.

No nosso último contato (aproximadamente 1992), ele cursava o 3º ano do programa de formação de oficiais do

Exército Brasileiro, na Academia Militar das Agulhas Negras, em Resende, no estado do Rio de Janeiro. Ele ficou surpreso pelo nosso reencontro virtual, pois também tinha curiosidade de saber notícias minhas. Relatou-me que havia passado os últimos anos no Haiti, compondo a força de paz do Brasil naquele país. Retornou em 2009 e, atualmente, com a patente de major, serve em um quartel de infantaria do Exército em São Gabriel da Cachoeira, extremo norte do estado do Amazonas.

Ao saber de minha carreira como consultor de negócios, convidou-me para prestar um serviço ao Comitê de Desenvolvimento Regional de São Gabriel da Cachoeira, um organismo multi-institucional que o Exército articula naquela região e que ele responde como coordenador-geral. Fechamos um contrato de serviço e imediatamente abri uma nova frente de trabalho.

Incrível o poder das redes de contato, não é mesmo? Tudo pela iniciativa de encontrar um velho amigo e fortalecer minha rede de relacionamentos. Vivo situações semelhantes com muita frequência, já que conheço e mantenho vínculo com diversas pessoas. Minha rede de contatos responde por boa parte dos serviços que realizo ao longo de cada ano.

Você pode imaginar a força de uma rede de contatos bem estabelecida para um profissional inserido em uma organização, com centena de colaboradores? Assim como no ambiente externo, cuidar dos relacionamentos dentro da própria empresa também é fundamental para chegar mais longe e alcançar cargos mais altos!

Atualmente, uma ótima opção para a prática de novos relacionamentos são as redes sociais digitais. Ferramentas como o Facebook, Twitter, Linkedin – entre outras – são instrumentos pelos quais é possível criar redes de amizade e relacionamentos com pessoas do mundo todo, interagindo em tempo real. Já parou para pensar nas possibilidades profissionais que podem ser exploradas com essas mídias?

O uso inteligente desses novos meios pode colaborar imensamente na formação e ampliação de uma poderosa rede de contato com objetivos profissionais.

Já existem casos de pessoas agendando entrevistas de emprego e até fazendo avaliações de processos seletivos por meio das redes sociais. É mais uma faceta do futuro que já chegou!

Uma rede de contato – ou *networking* – é cada vez mais fundamental para os profissionais modernos, pois é um instrumento poderoso de alavancagem da carreira. Uma rede de contato bem articulada pode acelerar recolocações no mercado, gerar indicações para novos contratos e servir como vitrine para a carreira.

E já que é tão importante fortalecer nossas redes de relacionamento, como podemos agir para expandi-las e aproveitar melhor suas oportunidades? Bem, primeiramente, vale dizer que podemos – e devemos – fortalecer nossas redes de contato em todos os lugares: desde festas de aniversário até eventos corporativos, como palestras e congressos. Em segundo lugar, tenha em mente que isso deve ser feito sempre de forma deliberada, com ética e com o objetivo de cultivar o maior número de amigos e potenciais parceiros.

Trate a todos com simpatia e respeito, tanto no contato pessoal como no relacionamento virtual. Essa é a condição inicial para a construção de uma saudável rede de contatos. Mantenha sempre cartões de visita no bolso e um currículo constantemente atualizado. Participe de organizações filantrópicas, ações sociais na cidade... lembre-se do aniversário de seus amigos e ligue para eles, ou ao menos mande um e-mail. Elogie as pessoas quando pertinente e reconheça as boas ações que praticam. São conselhos para a carreira e também para a vida pessoal.

Em um mundo corporativo tão intenso e em um ambiente com tanto apelo tecnológico, é curioso como muitas pessoas ainda esquecem os comportamentos humanos mais elementares, como a paciência e a solidariedade. Sobram celulares e faltam abraços. É triste ver que sobram computadores e falta atenção com os colegas de trabalho da mesa ao lado. Tenha atenção ao ser humano, seja sempre autêntico e trate o próximo como gostaria de ser tratado.

Cuide de sua rede de relacionamentos, mas lembre-se que os conselhos e dicas anteriores não têm significado se não houver um sentimento honesto de amor ao próximo.

A dimensão espiritual e humana

"É graça divina começar bem.
Graça maior persistir na caminhada certa.
Mas a graça das graças é não desistir nunca."

Dom Helder Câmara

COMO JÁ FOI COMENTADO, É NOSSO OBJETIVO NESTE LIVRO descrever algumas características fundamentais para os profissionais do presente (e do futuro) a partir da ótica de um mundo de extrema velocidade de inovações tecnológicas. Nossa observação nos fez elencar uma série de perfis e comportamentos que exigiu uma forma bem peculiar de classificação.

Inicialmente falamos de características que enquadramos nas chamadas "dimensões empreendedoras" e tecemos alguns comentários. Estamos agrupando este segundo "lote" de características na dimensão que denominamos *dimensão espiritual e humana*.

Deixo claro que essa classificação atende especificamente nossa organização nesta obra e não é fundamentada em nenhum estudo acadêmico no assunto.

O termo "dimensão espiritual e humana" pode parecer estranho, podendo induzir à ideia de que as características citadas nas demais dimensões seriam "desumanas", o que não é verdade. Todos os comportamentos citados neste livro devem estar fundamentados no humanismo, enxergando o homem como ser espiritual a ser atendido em suas necessidades e dignidade. Essa classificação é meramente literária, com a intenção de estruturar os comportamentos de forma mais didática.

Entendemos que o ser humano é o elemento mais importante na sociedade, bem como em qualquer organização, por isso nosso desenho do perfil do profissional do século XXI tem foco em fatores predominantemente emocionais e comportamentais. Você verá que as características que discutiremos a seguir são ainda mais atitudinais e correm em uma via transversal aos comportamentos citados anteriormente na dimensão empreendedora. É na fusão das duas dimensões – "empreendedora" e "espiritual e humana" – que teremos um perfil profissional mais próximo do que consideramos ideal para estes novos tempos. Vamos avançar!

A espiritualidade nos negócios

"O otimismo é a fé que leva à realização.
Nada pode ser feito sem esperança ou sem confiança."

HELEN KELLER

HÁ POUCOS ANOS TIVE A OPORTUNIDADE DE REALIzar uma visita a uma grande fábrica de cimento nos arredores de Curitiba, no estado do Paraná. Na ocasião, o engenheiro da empresa que acompanhava o nosso grupo mostrava os processos de fabricação e explicava como as coisas funcionavam em uma empresa daquele tamanho.

Tudo parecia muito "exagerado", em uma organização que produzia cerca de oitenta carretas de sacos de cimento por dia. Para um leigo no assunto, tudo muito interessante.

Em um determinado momento, um detalhe da indústria me chamou atenção: no espaço destinado ao repouso dos colaboradores, havia duas salas à disposição para os horários livres. Uma tinha a inscrição "Sala de Jogos" na porta e a segunda exibia a inscrição "Sala de Oração".

Comentei com nosso anfitrião que até então nunca havia visto uma "Sala de Oração" em uma empresa e perguntei como havia surgido a ideia.

Ele nos explicou que a sala era recente, ao contrário da sala de jogos que já existia há algumas décadas. Havia sido construída a partir da observação de que nos horários livres alguns funcionários se reuniam para momentos de oração, sempre embaixo de alguma árvore no entorno da área, já que não havia um espaço dedicado a essa atividade.

A partir dessa constatação, a diretoria resolveu disponibilizar um espaço mais adequado para a "turma da oração", nascendo, assim, um novo ambiente. Tratamento diferente para os desiguais! Simples, não? E demorou décadas para acontecer. Esse exemplo nos remete a um novo movimento que vem ganhando força no meio empresarial, que vamos chamar de "espiritualidade nos negócios".

Vale frisar que esse fenômeno não está relacionado simplesmente a criar espaço gospel nas empresas e tocar músicas religiosas nas salas... trata-se de um conceito neutro e imparcial, que visa a destacar valores de consciência humanitária. É fundamentado no amor ao próximo e na preocupação com um mundo mais pacífico e mais justo.

Há algum tempo, tenho ouvido falar do termo "espiritualidade nos negócios" e confesso que inicialmente me causou estranheza. Espiritualidade sempre me lembrava religião e sempre achava inoportuno envolver esse assunto no ambiente dos negócios.

No entanto, pesquisando e lendo mais sobre o tema, passei a ver esse fenômeno com outros olhos e já entendo que há algumas interfaces que podem colaborar para a manutenção de ambientes mais cooperativos.

Vamos tratar o fenômeno com o termo espiritualidade, já que queremos manter nossos conceitos na transversal de qualquer religião. Para efeito desta obra, entendemos ainda a espiritualidade como um comportamento positivo de amor ao próximo, com respeito e convivência pacífica com o semelhante e o meio ambiente.

Penso que esse novo estudo nasceu a partir da observação de novos movimentos espiritualistas – às vezes religiosos – que têm proposto o exercício da oração e de práticas mais humanistas em organizações, como forma de melhorar as relações entre as pessoas.

Infelizmente, ainda se encontram empresas em que os colaboradores são tratados como robôs e a liderança atua em total desarmonia com a equipe. São organizações que se destroem, com pessoas à beira de colapsos nervosos.

Você pode estar se questionando: "como algumas empresas conseguem funcionar e até prosperar assim?".

Bem, elas ainda dão lucro e ainda há espaço para organizações com esse perfil em nosso mundo hipercompetitivo, mesmo com um custo tão alto para as pessoas que trabalham nessas condições.

Felizmente, um novo panorama começa a surgir no mundo dos negócios – e, sendo assim, novas características profissionais precisam ser desenvolvidas. Vemos crescer um forte movimento de resgate de valores humanos fundamentais, como o companheirismo, a amizade, o desapego material e o amor ao trabalho como instrumento de dignidade.

Profissionais modernos precisam enxergar seus colegas, clientes, fornecedores e sociedade como parceiros e tratá-los com humanidade e dignidade. Estamos na época do "ganha-ganha", da transparência, do pensamento ético e da valorização das pessoas como ativo mais importante das organizações.

Penso que o próximo grande desafio da gestão moderna será a busca do equilíbrio entre qualidade de vida, a manutenção de ambientes positivos de trabalho e o crescimento do negócio com lucratividade e sustentabilidade ambiental.

Você, profissional do novo milênio, leva essa nova missão. Além de estar voltado para a realização de seus projetos pessoais, todo seu conhecimento deve também estar a serviço de tornar o mundo um lugar melhor para se viver.

Seus projetos devem também levar uma vertente de crescimento para as pessoas que estão junto contigo, seus colegas, colaboradores e parceiros. Não pense em crescer sozinho, colhendo apenas para si todos os benefícios de vitórias alcançadas. Compartilhe, construa junto e ajude a gerar crescimento nas pessoas à sua volta. Não há mais espaço para os superprofissionais individualistas. Este novo século traz grandes avanços, mas também grandes (e novos) desafios. O profissional do novo milênio precisa desenvolver competências que se traduzam em ações com foco também na transformação positiva da sociedade. Portanto, nesse movimento de "espiritualidade nos negócios", não podemos simplesmente pensar em construir "salas de oração" – mesmo sendo uma iniciativa interessante –, mas em construir e manter relações mais humanas e mais sólidas. Fica a sugestão de maiores leituras sobre o tema e a consulta a websites que se dedicam ao assunto. É mais uma nova cara do futuro nos negócios.

O bom humor e o otimismo

"O otimismo é uma escolha intelectual."

DIANA SCHNEIDER

NO MEU INÍCIO DE CARREIRA COMO CONSULTOR (NÃO faz muito tempo) viajava com um grande amigo e conferencista a um pequeno município do interior do estado do Tocantins onde ele faria uma palestra em um evento.

Levávamos no porta-malas do carro todos os equipamentos de som e vídeo necessários, pois a escola pública que seria o local da conferência não dispunha do que precisaríamos.

Chegamos ao local no início da noite, e alguns pais de alunos que moravam na zona rural já estavam por lá.

Ao pararmos o carro, algumas daquelas pessoas prontamente se ofereceram para nos ajudar a tirar os equipamentos do veículo e levar até a quadra da escola, onde aconteceria o evento.

Ficamos na quadra organizando a montagem da parafernália de cabos, e os pais que estavam nos auxiliando começaram a trazer os equipamentos do carro. Os primeiros trouxeram as caixas de som, depois trouxeram os cabos, a mesa de som, as caixas de microfones, os projetores... havíamos solicitado que eles nos trouxessem tudo que havia no porta-malas.

Para nossa surpresa, surge um pai de aluno trazendo o estepe e o triângulo do carro! Quando dissemos a ele que não precisaria ter trazido aqueles itens, o rapaz ficou frustrado e disse: "Mas o senhor falou para trazermos tudo que havia no porta-malas!".

Foi uma situação muito engraçada e todos se divertiram muito com o episódio.

A partir daquele momento, o clima do ambiente ficou extremamente agradável e divertido! Parece que instantaneamente todos ficaram mais amigos e mais companheiros. O clima de bom humor contaminou a todos e parecia que conhecíamos aquelas pessoas há muitos anos. Meu amigo palestrante envolveu todos na brincadeira e tivemos uma convivência muito descontraída e agradável com aquelas pessoas. Ainda hoje, quando passamos naquela cidade, alguns conhecidos comentam o episódio.

Há várias pesquisas que relatam a importância do bom humor e da gentileza no ambiente de trabalho. O psicólogo norte-americano James Lin afirma que: "quem ri junto trabalha melhor", pois, segundo ele, as energias positivas vindas do bom humor e do sorriso proporcionam a melhoria no ambiente de trabalho.

Já experimentou passar o dia em companhia de uma pessoa rabugenta, que só reclama?

Patch Adams é um filme, protagonizado por Robin Williams, que conta a história de um estudante de medicina esforçado que tenta de todas as maneiras mostrar a necessidade de humanizar a profissão médica e a importância do humor como meio para atingir o bem-estar dos doentes. Isso vale para qualquer atividade profissional, da medicina à engenharia.

Claro que o bom humor muitas vezes é resultado de uma vida equilibrada e de uma cabeça que se ocupa com pensamentos positivos; no entanto, independentemente dos desafios que você está enfrentando, encare esse comportamento como uma prática permanente.

Os fatores bom humor e otimismo também já são pauta de discussões nas áreas de recursos humanos. Profissionais otimistas, com alto astral, e que acreditam verdadeiramente no que fazem tendem a obter melhores resultados.

Em um mundo cada vez mais agitado, o comportamento otimista vem sendo cada vez mais valorizado nas organizações. Ganha força a filosofia do "vai dar certo!". Já percebeu como é construtivo e motivador lidar com pessoas que têm esse perfil? Pois é, no mundo dos negócios isso também já faz diferença e cada vez mais passa a ser observado nas atitudes das pessoas.

Recentemente, fui convidado para ministrar uma palestra em uma convenção de uma concessionária de motocicletas no Tocantins. Como de praxe, no dia da convenção, à tarde, estive no local do evento para checar as condições de infraestrutura em que faria minha apresentação à noite. Chegando lá, percebi a equipe organizadora muito agitada, pois a empresa contratada para preparar tudo não havia aparecido, deixando a equipe da concessionária com a responsabilidade de organizar tudo!

Acabei permanecendo mais tempo no local e auxiliando a equipe organizadora nos preparativos. Naquela ocasião, achei interessante o comportamento do gerente da empresa que trabalhava junto com a equipe. Em nenhum momento ele ficou reclamando da "mancada" do fornecedor ou murmurando aborrecimento pela situação. Ele decidiu agir para contornar os problemas e entrou em ação! Ele permaneceu otimista com a convenção, motivou o grupo a preparar o espaço, carregou cadeiras, preparou o telão de projeções e até ajudou na montagem do som! Incrível sua energia e sua capacidade de mobilizar e motivar a equipe, mesmo diante de uma situação adversa.

Enquanto o grupo mostrava preocupação com o avançar da hora e com a possibilidade de algo dar errado, ele permanecia dizendo que tudo daria certo e que o evento seria um sucesso!

De fato, o grupo conseguiu organizar tudo até o final da tarde e o evento transcorreu normalmente à noite, quando toda a programação foi plenamente cumprida. Sem dúvida, a motivação daquele gerente, com sua atitude otimista e proativa contribuiu imensamente para o sucesso da convenção.

Nesse sentido, algumas dicas são válidas e queremos compartilhar com você: procure trabalhar naquilo que lhe dá prazer (nem sempre é possível fazer só o que se gosta, mas geralmente é possível gostar do que se faz); seja transparente nos seus sentimentos, resolva o quanto antes situações que te aborrecem; durma bem; pratique esporte e procure ficar mais tempo junto a pessoas agradáveis.

Claro que são sugestões "genéricas", mas já é um bom começo.

Já percebeu a estreita relação entre bom humor e otimismo? Parece que toda pessoa bem humorada é otimista, não é mesmo? Não é por acaso que isso acontece.

Consideramos o otimismo como uma disposição para encarar as coisas pelo seu lado positivo e esperar sempre por um desfecho favorável, mesmo em situações muito difíceis.

Na Psicologia, há uma corrente que associa otimismo com "pensamento positivo", baseada na premissa de que a vontade (muitas vezes combinada com a fé) pode superar qualquer dificuldade, o que está na origem de muitas religiões e de quase toda a literatura de autoajuda.

Mas, além do fator bom humor, há outro comportamento que tem feito muita diferença nos ambientes profissionais. Um comportamento simples e sutil, facilmente percebido quando praticado: a gentileza é o nosso próximo assunto.

A gentileza

"Palavras gentis podem ser curtas e fáceis de falar,
mas seus ecos são efetivamente infinitos."

Madre Teresa de Calcutá

RECENTEMENTE, ESTAVA ORÇANDO UMA COMPRA DE novos pneus para meu carro em uma loja especializada, e, naquela ocasião, sentia-me muito impaciente, com uma leve dor de cabeça que insistia em não passar.

Percebendo meu semblante incomodado, o gerente da loja perguntou-me se eu estava bem, e após compartilhar com ele meu aborrecimento com a dor de cabeça continuamos a negociação para a compra.

Após "fechado o negócio", ele explicou-me que o serviço demoraria cerca de quarenta minutos para conclusão, e sugeriu que eu aguardasse ali mesmo, na sala de espera da oficina.

Fui surpreendido, poucos minutos depois, quando um *office-boy* da empresa veio até mim com diversos analgésicos para dor de cabeça e pediu-me que escolhesse qualquer um deles conforme minha preferência. Naquele instante, o gerente entrou na sala e contou-me que, após perceber minha dor de cabeça, solicitou ao funcionário que fosse até a farmácia mais próxima e trouxesse alguns medicamentos para me oferecer.

Esse simples gesto de gentileza cativou-me como cliente e, desde então, quando preciso de pneus, nem faço orçamento em outros lugares, vou direto lá e já efetuo a nova compra.

Muitas pessoas ainda não perceberam o incrível poder da gentileza. O incrível poder de um sorriso, de um gesto amigo, de um simples "bom-dia" expressado com fraternidade e otimismo.

Gentileza depende de hábito e, muitas vezes, de esforço e disciplina.

Há uma íntima relação entre gentileza, generosidade e caridade. Como são traços nobres, fica fácil entender por que quanto mais elevada é a pessoa, mais gentil ela é.

No ambiente social, o fator gentileza faz muita diferença, e isso se desdobra também no ambiente profissional. Já se foi o tempo que apenas o conhecimento técnico era suficiente.

Cada vez mais percebemos a relação direta entre o novo perfil do profissional do futuro com os atributos da gentileza. Até em dinâmicas de grupo de processos seletivos para admissão em grandes corporações, o fator gentileza também já é considerado.

Tenho um primo no Ceará que há poucos anos participou de um processo seletivo como técnico em uma grande empresa de manutenção de máquinas de reprografia e fotocopiadoras em Fortaleza. Ele havia participado de um longo processo de seleção e chegara o momento, após várias etapas, em que só restavam oito candidatos para as duas vagas que estavam em disputa.

Ele contou-me que, em um dos intervalos da programação, os candidatos lanchavam em um ambiente da empresa, quando ele percebeu um fio solto que atravessava o piso da sala, próximo à mesa de uma das secretárias. Ele dirigiu-se à moça e se dispôs a fazer uma instalação mais adequada para os fios, de forma a tornar mais seguro aquele ambiente.

A secretária prontamente aceitou a ajuda e disse que já havia solicitado ao setor de manutenção da empresa aquela manutenção, mas por causa da sobrecarga de atividades naquele período, a equipe responsável ainda não havia efetuado aquele reparo.

Em poucos minutos, ainda durante o intervalo do café, ele fez aquela pequena manutenção, organizando a fiação e fixando-a com grampos nos rodapés da sala, conforme o padrão que a empresa seguia.

A secretária agradeceu a gentileza dele e comentou a atitude do candidato com a equipe que estava responsável pelo trabalho de seleção, abrindo mão até mesmo de lanchar naquele intervalo.

Bem, o fato é que no final da seleção ele acabou ficando com uma das vagas. Acredito que sua contratação não se deu apenas pela iniciativa e pelo gesto de gentileza, afinal ele sempre foi um bom técnico, mas tenho certeza que sua atitude "contou pontos" na avaliação final.

Interessante como nesta discussão sobre novas competências para os profissionais do futuro deparamo-nos apresentando comportamentos tão elementares de boa conduta. Mas é isso mesmo, precisamos resgatar práticas fundamentais e fazer disso também um diferencial competitivo! Parece óbvio, mas, infelizmente, a prática da gentileza vem sendo esquecida por muitos bons profissionais.

E você, tem sido uma pessoa gentil na sua casa, com seus amigos e no seu trabalho? Lembre-se, a prática da gentileza exige disciplina, e tudo pode começar com gestos bem simples: carregar uma sacola para alguém, oferecer a cadeira, cumprimentar com um sorriso, elogiar atos positivos... Tudo muito fácil, não é mesmo? Uma questão de atitude!

O comportamento solidário

"Solidariedade, amigos, não se agradece, comemora-se!"

HERBERT DE SOUZA, O BETINHO

AGNES GONXHA BOJAXHIU NASCEU EM 26 DE AGOSTO DE 1910, em Skopje, na Macedônia, filha de pais albaneses, em uma família de três filhos, sendo duas meninas e um rapaz. Aos 12 anos ouviu um jesuíta que era missionário na Índia dizer que "cada qual em sua vida deve seguir seu próprio caminho". Estas palavras marcaram-na profundamente e ela decidiu dar um sentido à sua vida. Decidiu, assim, dedicar-se a servir ao próximo e tornar-se missionária. Ainda naquela idade, procurou o referido jesuíta para saber como fazer isso, e o prudente homem respondeu que aguardasse a confirmação do tempo e da "voz de Deus".

Seis anos mais tarde, cada vez mais convicta de sua vocação, solicitou a admissão na Congregação das Irmãs do Loreto que trabalhava em Bengala, mas teve primeiro que aprender a língua inglesa em Dublin, na Irlanda. De Dublin foi enviada para a Índia em 1931, a fim de iniciar seu noviciado em Darjeeling, no colégio das Irmãs de Calcutá.

No dia 24 de maio de 1931 fez sua profissão religiosa e emitiu os votos temporários de pobreza, castidade e obediência, tomando o nome de "Teresa". A origem da escolha deste nome deveu-se ao fato de ser em honra à monja francesa Teresa de Lisieux, padroeira das missionárias, canonizada em 1927 e conhecida como Santa Teresinha.

De Darjeeling passou para Calcutá, onde exerceu, durante os anos de 1930 e 1940, a docência em Geografia no colégio bengalês Santa Maria, também pertencente à congregação de Nossa Senhora do Loreto.

Após a vivência no colégio, participou de um curso rápido de enfermagem, que veio a tornar-se um pilar fundamental da sua tarefa no mundo. Em 1946, decidiu reformular a sua trajetória de vida.

Dois anos depois, e após muita insistência, o Papa Pio XII permitiu que abandonasse as suas funções enquanto monja para iniciar uma nova congregação de caridade, cujo objetivo era ensinar as crianças pobres a ler. Dessa forma, nasceu a sua Ordem: As Missionárias da Caridade.

102

Como hábito, escolheu o sári, nas cores "branco, por significar pureza, e azul, por ser a cor da Virgem Maria", como ela mesma justificou. Como princípio, adotou o abandono de todos os bens materiais.

Começou sua atividade reunindo algumas crianças, a quem começou a ensinar o alfabeto e as regras de higiene. Sua tarefa diária centrava-se na angariação de donativos e na difusão da palavra de alento e de confiança em Deus.

No dia 21 de dezembro de 1948, foi-lhe concedida a nacionalidade indiana. A partir de 1950, empenhou-se em auxiliar os doentes com lepra.

Em 1965, o Papa Paulo VI colocou a sua congregação sob controle do papado e deu autorização para a sua expansão a outros países. Centros de apoio a leprosos, velhos, cegos e doentes com HIV surgiram em várias cidades do mundo, bem como escolas, orfanatos e trabalhos de reabilitação com presidiários.

Ao primeiro lar infantil ou Sishi Bavan (Casa da Esperança), fundada em 1952, juntou-se o Lar dos Moribundos, em Kalighat. Mais de uma década depois, em 1965, a Santa Sé aprovou a Congregação Missionárias da Caridade e, entre 1968 e 1989, estabeleceu a sua presença missionária em países como Albânia, Rússia, Cuba, Canadá, Palestina, Bangladesh, Austrália, Estados Unidos da América, Ceilão, Itália, antiga União Soviética, China, etc.

O reconhecimento do mundo pelo seu trabalho concretizou-se com o Nobel da Paz, em 17 de outubro de 1979.

Madre Teresa morreu em 1997 aos 87 anos, de ataque cardíaco, quando preparava um serviço religioso em memória da princesa Diana de Gales, sua grande amiga e falecida seis dias antes, em um acidente de automóvel em Paris. Tratada com um funeral de Estado, vários representantes do mundo estiveram presentes para prestar sua homenagem. Redes televisivas do mundo inteiro transmitiram ao vivo, durante uma semana, os milhões que queriam vê-la no estádio Netaji. No dia 19 de outubro de 2003, o Papa João Paulo II beatificou Madre Teresa.

Um de seus pensamentos era: "Não usemos bombas nem armas para conquistar o mundo. Usemos o amor e a compaixão. A paz começa com um sorriso".

Neste ponto você deve estar se perguntando qual a relação entre a história de Madre Teresa e as características relacionadas ao crescimento profissional, e o que toda esta história tem a ver com o tema de nosso livro, não é mesmo?

A resposta é: tem tudo a ver!

O comportamento solidário é um importante traço de comportamento não apenas para o profissional moderno, mas para qualquer pessoa e em qualquer situação.

Nessa ótica, como já comentamos, podemos novamente afirmar que o "fator solidariedade" passa a ser percebido em uma dimensão mais profunda do que normalmente encontramos na vasta literatura do gênero. Madre Teresa é nosso grande exemplo do que consideramos um "coração solidário".

Se princípios como amor ao próximo, solidariedade e compromisso foram capazes de transformar um país por meio de uma mulher humilde e com poucos recursos, imagine o que podem fazer em uma organização de muito menor complexidade, como uma empresa, por exemplo.

Cada vez mais me convenço que a solidariedade, para ser percebida no mundo externo, deve nascer primeiro dentro de cada ser humano, principalmente nos pequenos detalhes.

O indivíduo que vive e pratica o comportamento solidário tende a ser melhor chefe, melhor líder, melhor colaborador, melhor amigo... enfim, melhor profissional. E esse é o ponto.

Alguma dúvida que os profissionais "solidários" vão fazer cada vez mais a diferença nas grandes organizações daqui para frente?

Imagine o potencial de transformação social e econômico de uma "organização solidária", formada por "profissionais solidários"!

Frequentemente, temos notícias de novas ONGs, eventos e ações de apoio a causas sociais e humanitárias, fruto de iniciativas de celebridades ou de cidadãos anônimos. E como isso tem feito diferença mundo afora!

Parece que estamos assistindo um "renascimento" do pensamento solidário, tão esquecido e ainda tão pouco praticado no dia a dia de grande parte das pessoas.

E como podemos identificar uma pessoa com "coração solidário"? Geralmente é fácil perceber. Essa característica se manifesta em um indivíduo mais tolerante, mais assertivo, mais equilibrado, mais otimista, mais humilde, mais humano e mais preocupado com o próximo.

E como o profissional moderno pode desenvolver essa característica? Como já mencionamos, não se trata especificamente de um "comportamento", mas de uma verdadeira "filosofia de vida", uma nova forma de ver o mundo e de agir.

Antes de tudo, é preciso "querer" se tornar um indivíduo melhor, fazer uma profunda autoanálise, buscar o autoconhecimento e se propor a contribuir na construção de uma sociedade mais equilibrada.

É, sem dúvida, um longo caminho, mas acredite, vale a pena. E por onde começar? Já que o caminho se faz caminhando, faça uma autoanálise e identifique sua predisposição para a melhoria. Procure se engajar em projetos sociais em sua comunidade e questione-se como você pode contribuir. Já é um ótimo começo. Outras respostas você vai obter com a sua própria caminhada. Você vai ver que é um caminho de muitas descobertas!

A disciplina

"Idealista é uma pessoa
que ajuda as outras pessoas a serem prósperas."
HENRY FORD

COMENTAMOS, ATÉ ESTE PONTO, SOBRE A IMPORTÂNCIA DE SE construir uma visão de futuro provocadora, de estabelecer metas consistentes e de trabalhar para alcançá-las. Também comentamos, entre outros assuntos, sobre a necessidade do profissional moderno manter-se "antenado" com as novidades tecnológicas e buscar incessantemente informações que possam contribuir com seu autodesenvolvimento.

Agora, estamos abordando os comportamentos relacionados com o que chamamos de dimensão espiritual e humana, mostrando que essas atitudes são cada vez mais valorizadas e que podem, de fato, contribuir fortemente para sua carreira profissional.

Nesse contexto, há outra característica relevante e que precisa ser considerada como imprescindível para o sucesso na busca do autodesenvolvimento: a disciplina.

Entendemos a disciplina como um "hábito" do indivíduo que o impulsiona ao cumprimento de suas obrigações e de seus objetivos. É um autodomínio, uma capacidade de usar o poder pessoal para alcançar uma determinada condição.

Para experimentar a mudança, alcançar seus objetivos e fazer uma verdadeira transformação positiva na vida, o indivíduo deve se autodisciplinar, criar novos hábitos e praticar novas atitudes.

Sabe o que tinham em comum pessoas tão diferentes como Buda, Gandhi, Charlie Chaplin, Graham Bell (o inventor do telefone) e Ayrton Senna? Todas elas foram pessoas extremamente disciplinadas! Você acha que elas eram disciplinadas porque nasceram assim?

Você acha que Buda era um santo e que já nasceu diferente? Segundo ele próprio, não! Sempre afirmou que qualquer um podia alcançar a iluminação – desde que colocasse isso como meta de vida e trabalhasse disciplinadamente nesse sentido. Gandhi exigiu de si mesmo muita disciplina, focado na libertação e integração da Índia. Graham Bell, o inventor do telefone, colecionou uma série infindável de fracassos antes de obter sucesso – mas não desistiu.

Todos nós somos potencialmente capazes de fazer qualquer coisa, tudo que realmente quisermos e considerarmos

108

rico em significado. Quantos não sonham em crescer profissionalmente? Penso que todos sonham com isso. Mas quantos desenvolvem uma estratégia para isso e, mais importante, executam essa estratégia? A disciplina é o ingrediente principal nesta discussão. Nosso campeão Wanderley Cordeiro de Lima, ex-boia-fria, foi medalha de bronze nas Olimpíadas de Atenas em 2004 e emocionou o mundo com sua capacidade de superação. Alcançar vitórias como essa requer esforço e disciplina nos treinamentos. Wanderley tinha um sonho que se transformou em meta quando ele se tornou atleta profissional: disputar uma maratona olímpica!

Em Atenas, sua meta era chegar entre os três primeiros colocados, e ele até poderia ter vencido, não fosse um manifestante tê-lo atrapalhado no 36º quilômetro da prova. Foi a melhor classificação de um brasileiro em uma maratona olímpica.

Quando se tem uma meta e se propõe a ser perseverante e comprometido, a disciplina passa a ser um elemento fundamental para alcançar esse objetivo!

E o que dizer da maratonista suíça Gabrielle Andersen, nas olimpíadas de Los Angeles, em 1984? É célebre sua imagem completamente desidratada e desorientada pelo esforço e pelo calor, quando cambaleou nos últimos 200 metros da prova, levando dez minutos para completá-la até cair desacordada nos braços dos médicos após a linha de chegada!

109

Andersen disse aos jornalistas que queria completar a prova, pois aquela seria provavelmente sua última oportunidade olímpica, pois já tinha 39 anos de idade. Ela chegou na 37º colocação entre 44 corredoras, mas foi mais aplaudida que a medalha de ouro, a norte-americana Joan Benoit. É o retrato da superação e o resultado de uma rotina disciplinada de muito treinamento.

As histórias do mundo do esporte nos trazem exemplos ricos em comportamentos que nos facilitam traçar paralelos com o ambiente profissional e corporativo.

Sendo assim, mais uma vez vamos projetar essa reflexão para o tema deste livro, confrontando a prática da disciplina com os novos comportamentos do trabalhador dos novos tempos.

Profissionais campeões precisam de disciplina, caso contrário fica difícil cumprir seus objetivos e suas metas! Essa disciplina profissional se manifesta em todos os atos do indivíduo, desde o cumprimento de horários e agenda, até a forma de monitorar e acompanhar projetos e equipes de trabalho.

E você, é uma pessoa disciplinada? Se não, tenho uma boa notícia: assim como as demais características que foram abordadas até aqui, a disciplina também não é uma condição inata do indivíduo. Ninguém nasce potencialmente disciplinado. A característica da disciplina pode (e deve) ser desenvolvida por qualquer pessoa. Ela pode ser treinada, assim como um atleta treina seus músculos para uma prova de atletismo.

Gostaria de ser um profissional mais disciplinado? Comece implementando novos hábitos, desde horários definidos para se alimentar, períodos dedicados a práticas esportivas e momentos de lazer com familiares e amigos.

Defina o que é importante e o que é urgente para você e discipline seu tempo. Procure centralizar o foco de suas atividades, priorizando suas metas e trabalhando de forma planejada no sentido de alcançar cada uma delas. Você vai ver que isso vai fazer muita diferença em sua vida.

A ética

"A vida nem sempre é feita de sucessos.
O nosso compromisso não é ganhar, é continuar fazendo."

Bernardinho, treinador de voleibol

ÉTICA É UMA DAQUELAS COISAS QUE TODO MUNDO tem uma ideia do que seja, escuta falar no dia a dia, mas em geral tem dificuldade em explicar o que é.

Desde os primórdios da Filosofia, vários pensadores em diferentes momentos da História se dedicaram ao estudo da ética e há diversas abordagens, com fundamentações sociais, filosóficas e teológicas, entre outras.

Para esta obra, vamos considerar ética como uma opção consciente de manter a vida baseada em relações justas e aceitáveis, perseguindo valores fundamentais que se traduzam em uma existência feliz e construtiva, para si e para a humanidade.

Infelizmente, nos veículos de comunicação, assistimos com muita frequência a ocorrência de escândalos, circunstâncias e situações que questionam o comportamento ético de alguns empresários, políticos e cidadãos.

É triste comentar, mas o sentimento de descrença nos poderes públicos é cada vez mais perceptível, tendo em vista as pesquisas que indicam como o cidadão comum vê essas organizações.

Novos desafios sociais, ambientais, geopolíticos e econômicos no mundo nos desafiam em novos e complexos dilemas éticos.

Mas como o profissional moderno deve se posicionar diante de tamanha pressão social por um novo panorama ético nos negócios? O que o profissional dos novos tempos tem a ver com tudo isso?

Que comportamentos esse novo profissional deve praticar no sentido de contribuir para a transformação desse cenário? E como isso pode fazer a diferença no mundo do trabalho?

Recentemente, atuando como instrutor em um programa de capacitação gerencial junto a empresários do segmento automotivo no estado do Tocantins, perguntei como o grupo se enxergava com relação ao próprio comportamento ético.

As respostas foram muito bonitas, relataram-me que eram profissionais éticos, que prezavam a honestidade, etc.

113

Perguntei se algum deles tinha por hábito sonegar impostos ou praticar qualquer atitude de sonegação fiscal. Fez-se um breve silêncio e senti que gerei um desconforto no grupo. Surgiu uma discussão acalorada e, no final do encontro, alguns empresários assumiram (com uma série de justificativas tortuosas) que eventualmente praticavam atitudes dessa natureza.

Passei a discussão para uma abordagem mais pessoal e perguntei se algum deles já havia adquirido um DVD pirata ou se já haviam algum dia "furado" uma fila. Novamente fez-se um novo silêncio e novo desconforto na sala.

Na verdade, eram provocações para as quais eu já sabia a resposta. Parece simples, mas a sutileza dessas perguntas nos remete a uma profunda reflexão sobre o comportamento ético.

Esse comportamento ético pessoal, praticado no dia a dia, reflete-se no comportamento profissional do indivíduo e se desdobra na ética empresarial da organização, sendo cada vez mais percebido pelos clientes, fornecedores, parceiros e comunidade.

O perfil do profissional moderno deve contemplar um novo paradigma da ética, baseado em atitudes transparentes, comunicação efetiva e projetos de crescimento para todas as partes envolvidas.

Não há mais espaço para negociações em que uma parte tira total proveito da outra, procurando uma condição que satisfaça plenamente suas pretensões em detrimento da outra.

Além de prezar a justiça nas relações, o profissional moderno deve buscar o equilíbrio e a satisfação dos interesses de todos os envolvidos em qualquer transação comercial.

Você se lembra dos grandes dilemas éticos que discutimos algumas páginas atrás? As crises econômicas, a agressão à natureza, a fome... a essa nova geração de profissionais caberá a responsabilidade e o papel de agir nessas situações. Sem dúvida é um desafio e tanto!

PARTE 3

O INTRAEMPREEN-DEDORISMO, UMA BREVE PERSPECTIVA SOBRE O (PROVÁVEL) FUTURO DO EMPREGO E ALGUMAS OUTRAS CONSIDERAÇÕES SOBRE O PROFISSIONAL DO FUTURO

O profissional do futuro e o intraempreendedorismo

"Existem três tipos de empresas (e de pessoas):
as que fazem as coisas acontecerem, as que
ficam vendo as coisas acontecerem
e as que perguntam: o que aconteceu?"
PHILIP KOTLER

QUANDO SE FALA NA PRÁTICA DO EMPREENDEDO-
rismo, vem muito forte no imaginário popular a ideia do empreendedor clássico, geralmente aquele indivíduo que tem
uma grande ideia ou aproveita uma oportunidade incrível
para iniciar um negócio de sucesso, tornando-se muitas vezes um grande empresário.

Mas, como já comentamos em outro capítulo, a prática
empreendedora não é uma exclusividade dos indivíduos que
criam empresas e iniciam novos negócios; ela também se
manifesta em profissionais que atuam como colaboradores
ou funcionários de organizações de qualquer natureza.

Vale mencionar que fazer carreira como funcionário em
uma grande empresa pode ser uma ótima oportunidade;

existem no Brasil diversas organizações privadas que oferecem excelentes condições de crescimento pessoal e profissional. Da mesma forma, o emprego público e até o Terceiro Setor podem ser interessantes para muitos profissionais e são também opções de carreira para muitos trabalhadores. Nem todo profissional tem interesse ou perfil para se tornar um empresário, e isso não é nenhum demérito, são escolhas individuais.

Para esses profissionais que atuam como funcionários ou colaboradores de organizações diversas e optam por desenvolver suas carreiras sem necessariamente seguir um caminho independente como empresário, também valem todas as nossas considerações sobre o profissional do futuro. As empresas cada vez mais procuram profissionais engajados e comprometidos, pois já perceberam que eles podem fazer a diferença no negócio.

Entre os anos de 2010 e 2011 tive a oportunidade de realizar alguns serviços de consultoria para uma empresa de postos rodoviários que atua nos estados de Goiás, Tocantins e Pará. Naqueles anos, a empresa já operava postos de combustíveis em cinco municípios ao longo da rodovia BR-153 (que liga Brasília a Belém) e desenvolvia um arrojado plano de expansão para instalação de novas unidades.

Foi naquela ocasião que conheci um funcionário do grupo que me chamou atenção pela predisposição e proatividade na empresa. Ele havia sido contratado há pouco tempo,

120

cerca de seis meses, e já estava compondo a equipe de planejamento estratégico do grupo.

Durante o tempo que atuei naquela empresa, ele me contou que uma de suas primeiras ações ao ser admitido foi solicitar aos diretores do grupo que pudesse visitar os postos da companhia e conhecer de perto as rotinas de serviços do negócio. Autorizado pela diretoria, realizou essas visitas e elaborou um relatório com sugestões de melhorias de processos que foram prontamente implantadas em todas as unidades da empresa.

Ele relatou-me que, ouvindo cada frentista nos postos, pôde perceber os detalhes dos problemas, as dificuldades enfrentadas no dia a dia e discutir diretamente com as equipes formas inovadoras de contornar os problemas. Ele descobriu que grandes ideias podiam ser prospectadas e desenvolvidas simplesmente conversando com quem executava diretamente as tarefas.

Em pouco tempo, o recém-contratado funcionário tornou-se Diretor de Qualidade da rede de postos e foi responsável por conduzir a implantação de várias melhorias nos processos de serviços nos postos rodoviários do grupo. Os procedimentos de logística foram melhorados, o tempo de atendimento nas operações de abastecimento diminuiu, a organização dos veículos nos pátios foi sensivelmente melhorada e a empresa ganhou maior eficiência nas operações. Em uma organização que atende centenas de carretas e automóveis em trânsito pelas estradas, cada pequeno acréscimo de melhoria faz uma enorme diferença nos resultados. Ganhou a empresa, pela maior rapidez nos serviços, e ganharam os clientes, pelo melhor atendimento que passaram a receber.

Por todos esses resultados, o agora Diretor de Qualidade passou a ser ainda mais bem remunerado e assumiu as atividades de expansão da empresa para o estado de Minas Gerais, onde o grupo já se preparava para atuar.

O comportamento daquele funcionário ilustra um novo fenômeno que já vem sendo objeto de análise e estudo no cenário dos negócios: o intraempreendedorismo.

Em linhas gerais, o intraempreendedorismo é um fenômeno organizacional que se verifica quando os próprios colaboradores das empresas atuam na busca de novas oportunidades, na geração de ideias, novos projetos, novos negócios, diferenciais competitivos e novas soluções.

O funcionário empreendedor, ao contrário do empreendedor clássico (que transforma suas ideias em seu próprio negócio), desenvolve ideias para a empresa em que trabalha, gerando melhores resultados para a organização.

O profissional intraempreendedor é um colaborador que pratica os comportamentos empreendedores dentro da organização em que trabalha, gerando resultados com suas ações. Valem para esse profissional todas as características de comportamentos empreendedores que já discutimos, como o estabelecimento de metas para suas atividades, a busca incessante de oportunidades para a empresa, a iniciativa de fazer e a persistência no alcance dos objetivos.

Na prática, um profissional que apresenta comportamento empreendedor na organização em que atua como colaborador acaba assumindo uma postura de proprietário ou sócio da empresa, no que tange à autorresponsabilidade com o alcance dos objetivos. Seu nível de comprometimento é muito elevado, acima da média da equipe, o que faz dele um profissional diferenciado.

Muito mais do que "vestir a camisa da empresa", funcionários empreendedores se comprometem diretamente com o negócio, com a perspectiva do cliente e com a imagem da empresa. Estão permanentemente preocupados com as necessidades dos consumidores e constantemente imaginando como a organização pode atender novas demandas com a oferta de novos produtos e serviços.

O profissional do futuro, funcionário ou colaborador de qualquer organização, precisa estar atento a essa nova perspectiva, buscando desenvolver novas práticas empreendedoras no seu dia a dia.

É claro que, para que isso ocorra, são necessários diversos outros fatores, como o alinhamento do colaborador com a missão, a visão e os valores da empresa e a existência de um ambiente favorável para a prática empreendedora. Nesse ponto, conta muito a predisposição de uma diretoria e acionistas que criem ambientes de estímulo à prática criativa e inovadora na empresa. Programas de incentivo com premiações e reconhecimento pelos resultados contribuem nesse sentido e são poderosos combustíveis para motivação dos profissionais.

E você, profissional do futuro, que atua como colaborador de uma empresa pública ou privada, gostaria de se tornar um "trabalhador intraempreendedor"? Isso é plenamente possível e é uma postura que pode ser adotada por qualquer profissional que desejar.

Um bom começo é praticar deliberadamente a construção de metas pessoais e profissionais alinhadas à empresa em que você atua e se comprometer realmente com alcance dos resultados. É preciso, entre outras coisas, ficar atento aos movimentos do mercado, procurando identificar oportunidades e perspectivas de atuação para a empresa.

Uma vez identificadas novas possibilidades de negócios, elabore propostas para sua diretoria e mostre concretamente os resultados que podem ser alcançados.

Você vai perceber que esse movimento, uma vez iniciado, não retrocede, pois a prática empreendedora é motivadora e se alimenta de cada resultado positivo alcançado. Agindo assim, você será cada vez mais requisitado e terá sua empregabilidade ampliada, tornando-se um profissional desejado no mundo dos negócios.

O profissional do futuro, colaborador de organizações, precisa ser um intraempreendedor, praticando sempre ações com foco no negócio. Esta é mais uma face do verdadeiro profissional do futuro.

O provável futuro do emprego

"Conectar computadores é um trabalho.
Conectar pessoas é uma arte."

ECKART WINTZEN

MUITO SE TEM FALADO SOBRE O FUTURO DO EMPREGO e há várias teorias que apontam para novas e mais radicais mudanças no panorama do trabalho e da ocupação. Particularmente, acredito que esse ambiente de mudança que experimentamos hoje deve fazer surgir ainda novos e inusitados modelos de trabalho, bem como novas formas de atuar no campo profissional.

Também é oportuno dizer que o emprego formal ainda é uma boa opção para muitos jovens que entram no hipercompetitivo mundo do trabalho e, dependendo da organização, pode ser a oportunidade dos sonhos. Mas também é fato que já existem outras opções que podem ser bastante interessantes. O trabalho autônomo, especializado ou não, vem ganhando força e já é cada vez mais comum encontrar pessoas que optam por esse caminho.

Quero compartilhar agora um pouco de minha experiência pessoal.

Concluí minha graduação em Engenharia Mecânica no ano de 1995, pela Universidade Estadual Paulista, em Bauru, interior de São Paulo. Fui um profissional com "carteira assinada" até 2006, atuando como funcionário inicialmente em empresas privadas e, posteriormente, no Senai, uma das maiores organizações de educação profissional do mundo. Foram ótimos empregos e aprendi muito em cada um deles.

Desde o ano de 2007, trabalho mais independente, no "incrível mundo dos consultores autônomos", na condição de pessoa jurídica como empresário individual. Realizo atividades de concepção, planejamento e execução de projetos para várias organizações nacionais, como CNI – Confederação Nacional da Indústria –, Sebrae, Senai e CNA – Confederação Nacional da Agricultura –, além de organizações privadas como a Votorantim Cimentos, entre outras. Além dessas atividades, preencho ainda minha agenda como instrutor em programas de capacitação empresarial junto a diversas instituições, inclusive como instrutor do Seminário EMPRETEC, um programa da Organização das Nações Unidas com foco no desenvolvimento do empreendedorismo e coordenado no Brasil pelo Sebrae.

Meus trabalhos estão sempre inseridos em algum projeto empresarial ou institucional, com prazos definidos de início e término. Ao contrário do que alguns amigos me questionam, não vejo isso como fator de instabilidade e muito menos como situação de risco.

Cada vez mais minha demanda de trabalho vem aumentando, a ponto de ser necessário selecionar cada projeto para conciliar todas as atividades sem conflitar interesses e prazos.

A condição de ser trabalhador autônomo me possibilita algumas situações que me agradam, como a possibilidade de fazer a própria agenda, escolher o serviço que pretendo atuar e quase sempre realizar da maneira como eu quero.

É claro que existem fatores negativos, mas com determinação, planejamento e disciplina é possível alcançar grandes resultados.

Alguns estudiosos apontam que as transformações econômicas e trabalhistas estarão demandando cada vez mais serviços de profissionais autônomos e subcontratados e isso pode ser uma oportunidade e tanto. Nunca houve tanta terceirização e tanta necessidade de enxugar estruturas complexas. Esse fenômeno abre espaço para novas modalidades de contratações e os profissionais modernos devem estar atentos e preparados para esse novo momento.

É fato que o mercado ainda precisa dos funcionários com empregos fixos, e deve depender deles ainda por muitos anos.

Todavia, devemos ter claro que cresce o movimento, não apenas brasileiro, mas mundial, pela busca de relações mais flexíveis e novos modelos de trabalho. Precisamos estar atentos! Em alguns países, mesmo os serviços predominantemente públicos, como a Justiça, já são privatizados com árbitros privados. O mesmo já está acontecendo com policiamento urbano, algumas áreas de fiscalização pública e até controle de aeroportos. Realmente, as coisas estão mudando. Dessa forma, fica um conselho: prepare-se. Dê o máximo de si em seu trabalho ou emprego atual, mas não desconsidere a possibilidade de fazer "carreira solo", pois a tendência atual é a de que o espaço para os autônomos aumente, abrindo maiores e talvez melhores oportunidades de trabalho! Fique preparado e avalie todas as possibilidades.

Vai fazer diferença agora não apenas o que você já sabe, mas também o quanto você está aberto a aprender.

Pense um pouco em tudo que foi apresentado nesta obra e construa seus conceitos. Aplique aquilo que julgar pertinente e comece agora mesmo a repensar o seu futuro.

Há muitas publicações que discutem o futuro do emprego e do trabalho. Sugerimos uma leitura mais atenta a esses livros, pois podem trazer grandes contribuições neste tema que é tão perturbador quanto empolgante.

Espero que cada vez mais você faça a diferença no mundo do trabalho e torne-se referência no que faz. Depende unicamente de você!

Considerações finais

*"Seu futuro depende de muitas coisas,
mas principalmente de você."*

FRANK TYGER

ALGUNS PENSADORES AFIRMAM QUE VIVEMOS A ERA do conhecimento! Outros ainda definem os tempos atuais como a era da informação. Independentemente do termo, o fato é que realmente vivemos tempos turbulentos e que impactam fortemente o mundo do trabalho. Tempos de competitividade extrema e de oportunidades como nunca existiram.

São tempos de repensar e redefinir as práticas profissionais. Para ser um profissional competitivo hoje em dia, não basta apenas ter competência técnica. A formação educacional ainda é muito importante, mas somente o título acadêmico não basta. Além de estar em permanente desenvolvimento técnico e humanístico, o profissional do futuro precisa ainda desenvolver a prática de comportamentos que garantam eficiência para o alcance de seus objetivos pessoais e profissionais.

Nossa abordagem empreendedora para o profissional do futuro se fundamenta na percepção de que o fenômeno do empreendedorismo pode e deve ser, cada vez mais, uma poderosa ferramenta de transformação econômica e social. Não apenas em países subdesenvolvidos, como também em países desenvolvidos, a prática empreendedora vem contribuindo imensamente para um novo desenho de sustentabilidade econômica.

No Brasil, o fomento do empreendedorismo se desdobra, entre outros aspectos, na multiplicação de novos negócios, na inserção de novas pessoas no mundo do trabalho, na criação de novos empregos e no surgimento de novas fontes de renda. É uma oportunidade para autorrealização de milhares de indivíduos.

É nesta leitura, do empreendedorismo como instrumento de transformação social, que entendo a grande contribuição do profissional do futuro na sua dimensão empreendedora. Esse novo trabalhador, que pratica comportamentos empreendedores e assume uma conduta humanística, será também responsável pela grande revolução econômica e social de que o Brasil precisa.

O profissional do futuro é o indivíduo que sonha! É o indivíduo que mobiliza a si mesmo e a outros por seus objetivos. É o profissional que busca crescer e vencer, mas

132

não busca apenas para si os frutos do sucesso, ele comparti-lha, procura gerar oportunidades e crescimento para as pessoas à sua volta, para sua comunidade e para o país.

O profissional do futuro deve ser um indivíduo que alie toda sua energia empreendedora a uma forte espiritualidade, como forma de buscar um equilíbrio entre as ofertas do mundo e os riscos de um materialismo desenfreado. A atenção com a espiritualidade vem contribuir com as preocupações éticas e com a defesa do meio ambiente, entre outras questões.

Não posso deixar de citar o poder do movimento do voluntariado, que mobiliza milhares de pessoas no Brasil, apoiando iniciativas voltadas para o bem comum e para causas sociais relevantes. É expressiva a participação de empresários empreendedores nesse campo. Essa postura de preocupação social está plenamente alinhada ao perfil do profissional do futuro que estamos discutindo neste livro e é também um desdobramento da dimensão espiritual e humana que defendemos.

Em diversas organizações, os processos de recrutamento e seleção de colaboradores já contemplam a pesquisa da vida do candidato em questões inicialmente distantes das funções do cargo a ser preenchido. Aspectos pessoais, a visão de mundo do candidato, seu engajamento em ações sociais e até sua concepção de futuro já fazem parte de diversos processos de recrutamento. É uma busca pela identificação dos fatores comportamentais que discutimos.

Utilizando os versos do artista, podemos afirmar que o profissional do futuro "faz a hora, não espera acontecer".

Finalizando esta reflexão, há um último aspecto que gostaria de abordar e que está diretamente relacionado com a construção de uma autoconfiança positiva e impulsionadora para o profissional do futuro.

Percebe-se no Brasil a existência de uma cultura de reclamação, que contribui para a manutenção da baixa autoestima em muitas pessoas. Até meados do século passado era comum escutar expressões como "rico não vai para o céu" ou "dinheiro é sujo"; crenças dessa natureza influenciaram a formação de muitas crianças e contribuíram para a formação de adultos com uma autoconfiança fragilizada, dificultando com isso um comportamento favorável para a experimentação empreendedora.

A solução para essa situação é complexa, mas o que se percebe é que a prática de comportamentos empreendedores no dia a dia, como nos exemplos apresentados neste livro, acaba fortalecendo a autoestima e a autoconfiança do indivíduo, tornando-o mais aberto e predisposto a correr riscos calculados.

Em outras palavras, a autoconfiança necessária para o sucesso do profissional do futuro vai crescer no desenvolvimento das práticas empreendedoras em suas atividades. É a prática que gera aprendizado e crescimento. Um processo que se retroalimenta.

Finalizando, gostaria de compartilhar que, quando iniciei este trabalho, não tinha a menor ideia da profundidade que ele me faria mergulhar. Quanto mais intensificava as pesquisas para a construção do perfil do profissional do futuro, mais encontrava aspectos relevantes que demandariam muitas outras obras para abordar adequadamente.

Na verdade, quando concebi este livro há alguns anos, minha intenção era simplesmente transcrever uma palestra que há algum tempo vinha realizando em escolas públicas de ensino médio no estado do Tocantins. O projeto original tinha como objetivo prestar uma pequena colaboração para a formação de jovens que estavam na iminência de ingressar no mundo do trabalho.

Depois de alguns meses de muita persistência para redigir estas páginas, sinto-me realizado em constatar que o resultado final ficou além do que esperava.

Agora que considero pronta a primeira versão deste trabalho, estou experimentando um sentimento de alegria – por considerar finalizado o texto – e de inconformismo – por perceber que novos comportamentos e exemplos poderiam ainda ter feito parte da obra.

A dinâmica das mudanças tem uma velocidade muito maior do que minha imaginação é capaz de conceber e acompanhar. Depois de concluir estes escritos, já fiz diversas alterações até me dar por satisfeito com seu conteúdo, em razão de constantes novidades no mundo do trabalho que acontecem a cada dia. Resolvi, então, que deveria concluir esta publicação e deixar as próximas atualizações para uma segunda edição, pois o assunto continuamente ganha densidade.

Espero realmente que a singela contribuição deste livro possa ter trazido a você algumas reflexões sobre carreira, trabalho e emprego. Caso isso tenha ocorrido e se esta reflexão de alguma forma impulsionou uma mudança positiva em sua vida, então meu objetivo foi plenamente alcançado.

Quero sugerir ainda que você se aprofunde no assunto e tome a iniciativa de aplicar cada decisão de mudança em sua vida.

Como mensagem final, compartilho a esperança de dias melhores nesse novo futuro que já é realidade. É um mundo conturbado, mas também é um ambiente de enormes oportunidades e novidades. Faça bom uso das novas tecnologias e colabore na construção de dias melhores para o país e para o mundo. Capacite-se e gere mudanças positivas em sua vida. Nunca pare de estudar e trabalhe incansavelmente naquilo que você acredita.

Apesar dos desafios, existe um mundo repleto de oportunidades à sua espera, profissional do futuro! Acredite em você, vá em frente e boa sorte!

Bibliografia

BLAINEY, Geoffrey. *Uma Breve História do Século XX*. São Paulo: Fundamento Educacional, 2009.

BLAINEY, Geoffrey. *Uma Breve História do Mundo*. São Paulo: Fundamento Educacional, 2008.

DE MASI, Domenico. *O Ócio Criativo*. Rio de Janeiro: Sextante, 2000.

SCHRAPPE, Max H. G. *O Legado de Gutenberg*. São Paulo: EP & Associados, Parise Comunicação Empresarial, 2002.

Fontes

Scala 11/16pt e Leviathan